從偶像、遊戲、殺人事件
學會25個財經入門知識

超無厘頭經濟學

暢銷書作家
佐久良剛 著

陳朕疆 譯

經濟學這種東西，教科書寫的太難！！

前言

這是一本**很無厘頭的經濟學書**。

真的不是我在自誇，市面上的「經濟書」絕對有一百萬本以上，但我有自信，這本書無厘頭的程度一定是**一百萬本裡頭的第一名**。而且「平均每一頁的經濟知識量」，一定是**一百萬本裡頭的第一百萬名**（確實不是在自誇）。

在本書中有太多無厘頭的例子和超乎常人預期的話題，卻沒有太多經濟學的專有名詞，也沒有任何數學式和圖表。

我常想，**有必要出現**經濟學的專有名詞嗎？

光是在日本，就已經出版了好幾千本「給初學者的經濟學入門書」。光是入門書就有好幾千本了，而且現在日本還有一大堆「全日本最簡單」「三小時就看懂」的入門書籍不斷推陳出新。

但我發現，**市面上雖然有那麼多入門書，但大部分的讀者卻都沒有入門**。就是因為大家在看完入門書後沒有入門，所以新的入門書才能夠接連不斷地投入市場。

簡單來說，大家都把經濟學入門書當成了自我啟發書籍（講話太直接）。許多人在看完一本書之後，心裡想的是：「終於看完了！好像學到了不少，我好厲害。」獲得了滿足感，但**內容卻全部忘光**。所以類似的入門書和自我啟發書才能夠一直出新書。做為出版方，還真該感謝讀者有這樣的想法。

所以說，就算寫了一堆經濟學專有名詞，一般人也不會記得。畢竟大家只是大略翻看這些入門書而已。

既然如此，乾脆盡可能地篩選主題，只挑幾個有趣的項目，再用生活周遭的例子，以無厘頭的方式來說明經濟學。如果這能讓讀者覺得「這也太蠢，太好笑了」，反而能造成衝擊，讓讀者留下記憶。本持著這樣的精神，我寫出了這本無厘頭的經濟學書。

我的正職是「作家」，而非經濟學專家。這本書則是「原本是經濟學素人的作家，在努力讀過經濟學後，寫給一般人的經濟學書籍」。

和大學教授相比，我寫的書比較沒有說服力。

但正是因為我前陣子還是個素人，所以**很清楚「一般人不懂的地方」**。

看過其他書就知道，大學教授根本不曉得素人的程度。這也沒辦法，畢竟對那些厲害的教授們來說，素人已經是好幾十年前的事，想不起來當年的自己是什麼樣子。但我就不一樣了，我的素人時代就在不久前，我知道素人的基礎知識大多不足。那些專家、教授們認為「這應該每個人都知道」的**常識，現實中有九成九的人都不知道**。所以我在寫這本書的時候，會配合那些真的不懂這些「常識」的人們。

另外，正因為我不是專家，所以**想寫什麼都可以**。有時候寫得很通俗化，有時候可以寫些變態的內容，有時候可以寫得很無厘頭，不需有任何顧慮。

專家、教授總不能寫出變態的文章吧。**他們要是寫出這種文章，搞不好會丟了飯碗**。其他專家看到他們寫了這樣的書，一定會喊出：「這什麼無聊的書！根本在汙辱經濟學。這種人應該要逐出學界。」

但若作者是我就沒關係。我不會被逐出學界。因為**我本來就不在學界裡面（淚）**。我本來就不在學界內，未來也不打算加入。不過我會靠近學界的大門，**按一下門鈴後馬上逃走**。

如果想看如此調皮搗蛋的作者，究竟會寫出什麼樣的書，就請繼續往下翻閱。

目錄

01

序章

「不管是足球、偶像，還是經濟，狂粉都會破壞一切！」

「經濟學」究竟是什麼呢？想必大部分的人都沒有頭緒。

那麼就先簡單介紹一下這門學問。近代經濟學主要可以分為「個體經濟學」和「總體經濟學」兩個領域。個體經濟學主要研究的是由家計、企業等最小經濟單位構成之市場的伯川德均衡與消費者剩餘等問題；總體經濟學則是分析消費者物價指數、GDP平減指數，以預測國家單位的經濟成長以及未來的國際收支……**等一下！不要把書闔起來啊！現在闔起來還太早！**

真是的……才讀了一頁而已。才讀到**序章的第二個段落**而已。只讀了這麼點的各位，現在就放棄會不會太早？真是沒毅力啊，性格那麼急躁不行喔……雖然我是很想這麼說，不過，才看了幾頁就知道自己看不下去而馬上放棄，說不定其實很適合去投資需要及時停損的股票或外匯。

我知道你在想什麼啦！「哦，是經濟學的入門書？如果是入門書，我應該也看得懂。」抱著這樣的期待後打開書，卻看到「伯川德均衡、GDP平減指數、消費者剩餘、柏拉圖非效率……」之類的文字，就會一臉嚴肅地把書闔起來，我很懂各位的心情。

我不只會把書闔起來，還會把這種入門書丟到角落。相信「超入門篇」「每個人都看得懂」這種標語而買下來的書，卻出現一大堆專門用語，只會讓人想一邊捶地板一邊大叫：「這根本是詐欺！詐欺！」然後再用摔跤中的 Elbow Drop 招式狠狠教訓這本書。我開始學經濟學時就發生過這種情況好幾次。明明都是優秀專業的老師們撰寫的書，為什麼這些老師們卻不知道「如何寫出讀者看得懂的文章」呢？明明頭腦很好，卻是個笨蛋嗎？（沒禮貌）。

「有哪些書爛到讓人想把它四分五裂呢？請說出具體的書名。」這個嘛……**我不敢說**。

拿起本書的人，應該會覺得一開始的文章讓人摸不著頭緒吧。

這也是當然，如果是看得懂這些詞彙的經濟達人，**根本就不可能會買有這種書名的書**。如果是等級那麼高的人，應該瞬間就能判斷這本書不是寫給他們看的。反過來說，如果完全了解伯川德均衡和GDP平減指數是什麼意思，卻開始讀起了這本書，那鐵定是個**嚴重的判**

斷錯誤。這完全**不是正常經濟人會做的事**。請你好好**檢討機會成本和效用最大化**再做決定。

……如果您看到第二章左右，再回過頭來看這一段，就會明白我的意思。

對現代人來說，沒有任何經濟學知識完全不是件可恥的事。畢竟這個社會上大部分的人都是這樣，不久前的我也是這樣。就連拿過諾貝爾經濟學獎的克魯曼（Paul Robin Krugman）和史迪格里茲（Joseph Engehe Stiglitz），在開始學習經濟以前，對經濟學也是一竅不通。

雖然覺得有七成的人在看到本書開頭的兩段艱澀文字後就會把這本書闔起來（也太多了吧），不過還有三成不是嗎？剩下的三成讀者們，讓我們敞開心胸，繼續讀下去。

畢竟是序章，我還是想稍微說明一下本書的內容。首先，就像我們一開始提到的，概略來說，經濟學可以分成「個體經濟學」和「總體經濟學」。

經濟活動可以依照規模分成小型經濟活動和大型經濟活動。小型活動指的是我們個人如何用錢；大型活動則是指由個人組成的集團——國家或地區如何運用金錢。

下至個人，上至國家。個體經濟和總體經濟就差在這裡。個體經濟學關注的是小型經濟，也就是個人、公司的經濟行為；把關注範圍擴大到國家或地區時，則是總體經濟學。順帶一提，研究哪個海域的黑鮪魚可以賣到最高價格，則是**黑鮪魚經濟學**＊。……**開玩笑的，才沒有那種經濟學**。

看到這裡，**感覺剩下的三成讀者中，大概又有兩成會闔起這本書**。想必剩下的讀者都是精銳中的精銳，心胸寬大的人吧！為了這一成的讀者，我會努力的（淚）。

雖然黑鮪魚經濟學是開玩笑的，不過前面提到的個體經濟學和總體經濟學是真的喔。

雖是這麼說，但這本書並不會特別去區分哪一章是個體經濟學、哪一章是總體經濟學。內容整體而言不會刻意偏向個體經濟學或總體經濟學，也不會刻意各占一半。

本書並不會遵循「解說書的規則」來寫作。一個主題重不重要，並不是我選擇題材的依據。我只會從個體經濟學和總體經濟學中挑出有趣的部分寫成各個章節，並省略無聊的部分。

或許有些人會火冒三丈地說：「照著教科書教啦！這個部分沒必要教吧！應該要教這些才對！」但對我來說，本書的主要目標是，讓各位讀者感受到「經濟學**好像也蠻有趣的**」。

說到這裡，我認為所謂的學習，不應該是照著教科書的順序，將教科書上的內容一字不漏的記下來。

踏入新領域時，首先應該要找出自己認為這個領域中最有趣、最讓人驚豔或最喜歡的部分才對。就算只是一時興起的興趣，先找出自己為什麼會有「享受」「有趣」「喜歡」等正面的心情是很重要的。即使只知道皮毛，也要能夠堂堂正正地說出「我就是喜歡這個」，別讓討厭的東西進入腦袋。

不過世界上還是有些人的腦袋很頑固，當他們看到只讀了一本入門書就說「我好像喜歡上經濟學了」的人，就會開始嗆這個人：「連伯川德均衡和賽局理論都不知道，居然還敢說這種話！別小看經濟學喔。」

但其實，這種事還不少見。**所有領域都是被狂粉摧毀的。**除了經濟學之外，其他興趣也有類似情況。譬如說，讓我們來看看一些較貼近我們生活的領域，像是「偶像」。

其實我對這方面沒有很了解。假如說有一個少女公開說：「我是AKB的粉絲」，但在詢問後發現她才剛成為粉絲不久，知道的成員也只有指原和柏木。這時候可能會有老粉絲出來說：「喂，只知道指原和柏木，這樣算什麼粉絲啊！如果要自稱是粉絲，至少要知道從打工AKB（以有打工的形式加入AKB）起家，後來成為NGT48的Ace，還成為了選拔成員的荻野由佳；以及在研究生時代時從埼玉超級競技場的舞台上摔下來，頭部骨折後，卻能

*註：「黑鮪魚」（マグロ）與「總體」（マクロ）的日語相近。

在『Let's Go研究生』的千秋樂（公演的最後一天）現場強勢回歸，睽違三個月和鈴木胡桃一起演出〈任性的流星〉的稻垣香織吧！做好功課很難嗎？連這種事都不知道還敢說是粉絲？別小看AKB啊！」之類的話。要是被這樣說教，做為新粉絲的少女會怎麼想呢？少女好不容易來到了粉絲俱樂部的入口，卻因為這種無聊的說教而對AKB有了負面印象，很可能會就此離開。

不過，畢竟我對偶像的知識沒有說很了解，不曉得舉這樣的例子是否適當。AKB之類的事情我完全不懂喔。前面的台詞只是把我想到的單字隨便組合在一起而已，要是有錯，就抱歉啦。

總而言之，就是只知道幾個人、幾首曲子，也可以自稱是AKB粉絲；就算只看世界盃，也可以大聲說「我很喜歡足球」。就算不知道J聯盟或西甲，也沒道理被其他球迷說「你根本沒資格說自己是足球迷，只是一日球迷」。不管是足球、薰香、歷史，還是經濟，只要挑自己有興趣的部分入門即可。入門之後，也不須在意其他人的意見，只要照著自己的喜好，逐漸拓展自己的視野就好。人要是被強迫，學習欲就會降低。

我想各位應該也注意到了，我的解說非常無厘頭。之後談論各種經濟話題時，也會像這樣一直脫序演出，或者說，就像是**在沒有鐵軌的荒野上奔馳的電車**一樣，**以脫線為標準狀態進行說明**。如果是能夠看到這裡的精銳讀者，心胸一定很寬大。我相信各位一定能陪我讀完這本書。

02 「效用最大化」與機會成本

合理考慮「觀賞色情DVD時的機會成本」。

討論經濟學時有個前提，那就是「人類的行動永遠是理性、利己的」。具備這種特徵的人又叫做**經濟人**（Homo economicus）。也就是說，人類的行動並非隨興所至，而是會隨時比較A和B哪個對自己來說比較好。如果A比B好，人們就會思考要怎樣花最少的成本來獲得A。人類會一直沉著、冷靜、縝密地處理這些資訊再做判斷。這就是經濟學的假設。經濟學將所有人都當成理性利己的經濟人。

這麼說也沒錯啦。舉例來說，如果一款數位相機在安井電器賣一萬日圓，在隔壁的高井電器卻賣三萬日圓，這時候我們會推論：「人類會理性決策，所以大家都會去安井電器買相機」。以此為前提，才能發展成現在的經濟學。要是覺得：「唉呀，每個人都不一樣啊，本來就會有些人想在安井電器買，有些人想在高井電器買。**隨興點不就好了嗎？因為我們是人啊**」，就沒辦法得到任何經濟理論。除了「因為人類很隨興，所以沒辦法形成像樣的經濟理論」這個理論之外，就是因為有「人類會理性行動」這個前提，所以在物價變化或景氣變差時，可以預測人們會做出什麼樣的行動。

「相同商品不同售價時，一般會向比較便宜的賣家購買」這是一個理性的行動。另外，像是「人類永遠會選擇效用最大化的選項」，也是理性的人類——經濟人的特徵。

「效用」簡單來說就是「滿足感」，也就是買下一個東西、做某件事之後，可以獲得多少快樂。當我們只能從A、B、C、D中選一個購買的時候，我們會綜合性地考慮價格和滿足感再做判斷。用現在的話來說，「選擇CP值最高的選項」就是所謂的「效用最大化」。

雖然經濟學的前提是「每個人都是理性的，都會做出效用最大化的行動」，但實際上的我們又是如何呢？**雖然大致是這樣沒錯，但也有例外情況**，這才是事實。

舉例來說，走在街道上時，我常會覺得：「為了幾百日圓的折扣而排隊的人們，都沒有做到效用最大化」。

在我家附近的車站有一家**某某炸蝦飯**。這家店的炸蝦飯在每個月的十八日會打折，所以這天店外會排起長長的隊伍。另外，有些店家還推出只要拿某特定品牌的手機，就可以免費獲得一碗牛丼、獲得免費甜甜圈之類的活動。這些店家在尖峰時，等待時間甚至可以長達一小時。這些人是不是都是從網路上獲得這些消息的呢？

一碗牛丼的價格只略多於三〇〇日圓、甜甜圈一個一〇八日圓、炸蝦飯的折扣甚至只有六十日圓。

這種說法說不定會遭受很多批評……，不，會為了二〇〇日圓而花一小時排隊的人，**實在不太可能會買這本書**，所以我可以大膽的說，**為了這點錢而排隊的行為，效用實在低很**。要花一小時大概是因為正處於尖峰時間。但就算是花三十分鐘也不該等。如果只要五分鐘還可以考慮一下。

有個東西叫做「機會成本」。這指的是：進行某項行動時，**如果不做這個行動，改做其他行動時獲得的效用**。舉例來說，當我們喝下五〇〇日圓的咖啡，機會成本就是不喝這杯咖啡，改拿這五〇〇日圓去買喜歡的書，或者去參觀門票五〇〇日圓的美術館。機會成本雖然叫做「成本」，但機會成本並非只有金錢，也包括了時間與心情。咖啡不僅好喝，也有放鬆效果；書和美術館可以獲得快樂與知識。經濟學認為，人類會綜合性考慮這些機會成本，再從中選擇效用最高的選項。我也認為人類要這樣才對。

如此看來，考慮到機會成本，為了省一、兩百日圓而耗費三十分鐘，這個行為的效用非常低。在排隊的人應該要想想：「如果把這些時間用在其他地方，可以做些什麼？」在一些商管書中常會寫道：「時間就是金錢。不要把時間浪費在坐電車上。別吝嗇計程車錢。」

但是，如果改搭計程車會多花數千日圓，卻只省下數十分鐘，我就不禁想對這種人說：「我說你啊，那些出書的創業家都是有錢人啊。回想一下庶民的金錢觀好嗎！說出這種話只是想讓讀者覺得『我可以為了省下十分鐘花掉三〇〇〇日圓的計程車錢喔。我正是那個會成功的人……**我是人生的贏家，和你們不同！**』讓讀者崇拜他而已。」

為了節省十分鐘而花三〇〇〇日圓究竟值不值得呢？我想每個人的答案都不同。但如果是為了省下一、二〇〇日圓而多花三十分鐘或一小時，這個人的「時間價值」也未免太低。畢竟日本也不是一天生活費在一美元以下的貧窮國家。對於住在有屋頂的房子內的日本人來說，三十分鐘應該不只值一〇〇〇日圓。

而且在排了三十分鐘隊，終於進入店內後，店內肯定是人滿為患的客滿狀態。在擠滿人的店內吃飯，會讓我感覺損失超過一〇〇〇日圓。或許你會想：「你這樣講不大好吧，許多靠年金過生活的老人、沒有工作的貧窮青年、窮學生等等，就是為了省錢而排隊的啊。」但我認為，如果是老人，更不該浪費所剩不多的時間在排隊上，無職青年和窮學生也應該要把這些時間拿去打工或讀書，提升自己的能力，長遠來看才能獲得比較大的效用。我甚至覺得，心中有「為了一〇〇日圓而排隊這件事很平常」這樣的想法，才是最大的損失。

話說回來，既然效用衡量的是「滿足度」，就要將心情也考慮進去。心情是相當主觀的，同一個事物在每個人眼中的效用可能都不一樣。說不定每個月十八日在某某炸蝦飯前排隊的人們並不是想省那一〇〇日圓，而是**排隊這件事可以讓他們產生莫大的快感**。對這種人來說，排隊不只能得到快感，還享有折扣，根本是一石二鳥，排隊毫無疑問是效用最大化的選擇，反而是我的批評有誤。

我常常經過這家每個月都會有優惠的店家，卻**從來不曾看過隊伍內有「排隊好棒，好舒服」的人**。這表示，並不會有人因為排隊本身而興奮，我之前說的，「他們認為三十分鐘的價值大概就是一、二〇〇日圓左右」，大致上應該是對的。

……雖然說得好像很懂的樣子，但我也沒那個自信說自己平常做事時一定會考慮到機會成本、會做出效用最大化的行動。

舉例來說，我偶爾會看看色情DVD。我在看色情DVD的時候確實會很投入、覺得很興奮，但看完後，回過神來時又會開始覺得：「我到底在幹嘛……」。在這一小時內，一流的運動選手正在為了準備奧運而瘋狂練習中；無國界醫生正在拯救許多貧困地區的孩子。而我卻把這一小時花在這種事情上，實在太可恥了。」因為機會成本過於龐大而差點流下眼淚。這麼看來，我也不是一直都讓行動的效用最大化，實在沒什麼立場責備那些排隊的人。

說真的，要時時想著機會成本實在是不容易。經濟學的書常提到：「我們在任何時候都應該要意識到機會成本。譬如說，買A而不買B的理由，真的是心裡想的那樣嗎？把時間花在這件事上而不是其他事的理由，真的是心理想的那樣嗎？」

不過，當心中出現「好想要玩遊戲啊」的想法，若試著去討論機會成本，就必須開始思考這個問題──「把玩遊戲的時間拿去做別的事，會不會更好呢？」

如果討論機會成本有那麼重要，接著就必須想：「**去思考**『把玩遊戲的時間拿去做別的事，會不會更好？』**這個問題的時間拿去做別的事，會不會更好？**」這個問題**（依此類推）**。永遠把時間花在討論機會成本，直到命終。雖然經濟學假設人類永遠會理性行動，但我認為，就算是追求理性的行動，也要有所節制，才是真正的理性行動。

下一章就讓我們來看看另一個理性利己的行動吧。

03

邊際效用遞減法則

長紅三十多年的名作《七龍珠》打破了邊際效用遞減法則。

經濟學的基本模型中，會假設所有人都是經濟人……也就是要在「人類理應做出理性且利己的判斷」這個前提下討論經濟行為。既然說是「理應」，就表示這個前提包含了「即使不是這樣，也要假設是這樣」的意思。畢竟，行為模式接近經濟人的人越多，就越能夠預測每個人的經濟行為。

基於這點，經濟學又假設我們「永遠會選擇效用最大化的行動」，這裡說的效用和「滿足感」或「幸福」的意思大致相同，我們會選擇自己認為最有滿足感的選項。畢竟人類是為了幸福而活的。

本章要介紹的就是在想讓效用最大化時，與機會成本並列的重要概念——「**邊際效**

用」，以及「**邊際效用遞減法則**」。

讓我們來看看實際的例子。

我常會去吃壽司吃到飽。通常是和朋友們共四人去吃。價格沒有說很貴，一個人大概五〇〇〇日圓左右而已。規定一次最多可以點三十貫，不過時間限制內要點幾次都可以。

坐下後，點了第一輪。看到三十貫的海膽、鮭魚卵、鮪魚肚一個個整齊排在桌上時，實在是有夠幸福！首先大家會拿出手機，拍下高級壽司（對庶民來說）成群排在一起的壯觀模樣，以及一群歐吉桑吃飯的畫面，再上傳到網路上。雖然這種畫面讓人看起來不大舒服，但每個人還是抱著「這說不定是人生最後一次吃壽司」的興奮心情，拍下這些壽司的特寫。然後，將第一貫海膽壽司放入口中。一口咬下壽司時，實在是再幸福不過的瞬間！

咬第一下、第二下。壽司產生的效用實在太大，讓我感動得快要哭出來。可以活在能壽司吃到飽的時代實在太棒了。還好現在不是北條氏執政的時代　那時一旦發生大事，就必須放下壽司，連忙趕去鎌倉。

不管是哪個機會成本，都比不上現在口中的海膽、鮭魚卵、黑鮪魚。我敢斷言，這絕對是效用極端最大化的選擇。

但是，當我沉浸在幸福中，化身為吃壽司魔神，點了好幾輪，肚子終於八分飽後，還是會覺得「要再多點一些才不會浪費錢！」然後又開始點菜。就算吃到十分飽、十三分飽，還是會想繼續點，點到出現「本日第一五〇貫」的紀念壽司為止。

這時，有一個海膽壽司在我眼前，就是那個一小時前帶給我巨大幸福感的海膽壽司。

可是，看著這一排和當時品質、分量完全相同的海膽壽司，已經吃飽的我卻這麼想著。

這個……**是廚餘嗎？**（沒禮貌）

當然不是廚餘。這毫無疑問是超好吃的壽司。如果是一個小時前，這可是我們激動地拍下一張張照片，咬一口喜極而泣，咬兩口就嚎啕大哭，讓人興奮到快要暈過去，那個稱得上是「物質化的幸福」的珍饈，海膽大人啊！但在肚子已經二十八分飽的我面前，這樣的珍饈也只是雞肋。而且還會破壞友情「點這個的是你吧？負起責任吃下去啊！」「是你點的吧！不是你一直說想要回本所以一直點海膽嗎！」「工三小啦！現在是我的錯就對了？」「你再講一次試試看！**要打架就說啊！要打來打啦！**」就像這樣，一把年紀的歐吉桑開始互推壽司給對方吃，可以說是吃壽司時常上演的戲碼。

這就是邊際效用遞減法則。聽起來有點複雜，簡單來說，「邊際」在經濟學中是「再追加一個時候」的意思，而「邊際效用」就是**再加一個時增加的效用**。

同樣的海膽，**「效用」**卻不一樣！

要注意的是，我在吃了零個海膽的狀態下，吃一個海膽——也就是吃下第一個海膽時獲得的效用，和在吃了三十個海膽的狀態下，吃一個海膽——也就是**吃下第三十一個海膽時獲得的效用完全不同**。吃下第一個海膽時感覺相當幸福，但吃下「第三十一個」海膽時不只沒什麼幸福感，甚至有些痛苦，反而有負面的效用。第三十一個海膽應該也想變成第一個海膽吧。

像這樣，某個東西的效用隨著數量增加而逐漸減少的現象，就叫做邊際效用遞減法則。

那麼，知道這個邊際效用遞減法則之後，有什麼用呢？

首先，這個法則能夠防止我們不斷地追求效用。

不管是多好吃的東西、多有趣的事物，越

是追求，獲得的效用就越少，太多了甚至會變成痛苦。並不是擁有越多，效用就越大，擁有適當的量才是重點。在效用轉為負之前停止追求更多，才能夠真正達到效用最大化。也就是說，**追求幸福時，不要強求才好**。

站在提供商品或服務的立場來看，這個法則也可以幫我們瞭解「提供多少量最能滿足客人」。畢竟，滿足客人才能增加營收，若無法滿足客人，營收就會下降。

如果用漫畫或電影等娛樂作品來舉例，應該比較好懂。

和海膽壽司一樣。**系列作品中，通常第一個作品最有趣**，因為有邊際效應遞減法則。看到《侏儸紀公園》第一集時，會讓人有**「恐龍就像真的一樣！」**的衝擊。然而後續作品帶給人的效用，卻不可能比第一集還要高。因為在觀看續集時，觀眾們已經看過CG恐龍了，就算CG比前作還要進步，觀眾也早已習慣了CG恐龍帶來的衝擊。

與此類似，**大部分的漫畫作品都會在第十五集左右時完結**。一開始的故事和角色會讓人覺得新奇，但一集一集看下來，讀者逐漸習慣劇情之後，對作品的邊際效用也會逐漸遞減。邊際效用遞減時，漫畫的銷量也會隨之下降。於是，效用降低的作品就會在一個適當的地方結束，在虧錢之前，盡快換上新的商品，這是買賣的基本。

因此，「**如何抑制**邊際效用遞減」便成了相當重要的問題。鳥山明老師的《七龍珠》早就超過了十五集，來到四十多集，續篇現在也在連載中。究竟，《七龍珠》是如何戰勝邊際效用遞減法則的呢？

其實答案很簡單。說到少年漫畫的效用，不外乎是「新鮮感」和「刺激感」，所以讓讀者覺得目前的內容還不是全部，「讓故事的規模越來越大，維持讀者的新鮮感」就是七龍珠的策略。主角孫悟空在故事中曾和許多敵人戰鬥，不過在第一、二集時，**只是和比較會打架的小孩子互毆**而已，不久後開始可以發出龜派氣功，再來又學會分身、在空中飛行等能力，後來**和敵人打架時的衝擊強到可以摧毀一個城市**。而目前在最前線戰鬥的角色們，**每個人都強到一根手指就能破壞地球**。

換言之，最重要的是「如何讓觀眾的感動持續下去」，這樣才能讓觀眾保持對作品的新鮮感。不只是娛樂作品，食物、衣服、汽車，許多商品都遵循著這個規則。

不過，照這個規則走下去，總有一天《七龍珠》會出現**瞬間就能毀滅宇宙的角色**吧。在這之後，作者又要如何持續讓讀者獲得效用呢？我做為粉絲，實在是既期待又怕受傷害。

若站在提供商品的立場，我們應該要想辦法盡可能避免邊際效用遞減，一旦邊際效用開始遞減，就需在邊際效用變成負數之前，適當地結束，這是商業上的一大重點。不管是哪個商品、哪個領域，甚至連夫妻生活都一樣（應該吧）。

那麼，關於經濟人的話題就先告一個段落，下一章起，讓我們來談談比較有經濟風格的主題——金錢。

04「金錢」的功能

從早安少女組的宅活（粉絲的行動），學習「貨幣的三種功能」。

本章要討論的是經濟活動中不可或缺的「金錢」的功能。

回顧歷史，在很久以前，人們為了獲得自己想要的東西，會拿自己的所有物和對方交換他們的所有物，也就是**以物易物**。

但是，從來沒有人實際看過以前的人以物易物，為什麼大家都那麼肯定以前人真的會以物易物呢？不過，既然**大家都這樣說，所以大概就是這樣沒錯**。很久以前，人們都是靠著以物易物來獲得自己需要的東西，一定是這樣沒錯。

而過去人們以物易物的經濟活動，現在則以貨幣、金錢為媒介進行。以物易物之所以會轉變成金錢交易，想必是因為「金錢交易比以物易物還要方便」的關係。若非如此，以物易物的制度應該會持續下去才對。

那麼，以貨幣、通貨為媒介進行交易有哪些優點呢？

金錢有三種功能，分別是**「價值交換功能」「價值衡量功能」**和**「價值保存功能」**。

三種功能各有其特點，讓我們試著從這三個面向來比較金錢交易和以物易物的差異。

古代時，人們會將農作物、魚、獵物拿去市場尋找交易對象，自由交換。這時候，金錢的「價值交換功能」「價值衡量功能」，以及「價值保存功能」都還不存在。

嗯……這話題聽起來好像有點無聊。

不過，既然要說明以物易物，自然就會提到米或魚之類的商品。若真要說，**每一本經濟學入門書**，幾乎都會用「很久以前，人們會用以物易物的方式交易農作物和魚貨……」做為例子。用這個例子說明什麼是金錢的書，我猜大概有兩千本。這樣一來，**由邊際效用遞減法則可以知道，對讀者來說，這個例子應該沒什麼新鮮感了**。

那麼，為了和其他書做出差異化，就讓我用其他東西的以物易物做為例子吧。不要講以前的事，而是用發生在現代的事做為例子。

譬如說……**偶像**。

因為我是一個硬派作家，所以這方面的知識實在不太瞭解。不過就我所知，在偶像粉絲的世界中，**現在似乎仍在進行以物易物的行為喔**。

以早安少女組為例，在她們舉辦演唱會時，商品販賣區及其周圍常可看到粉絲們聚在一起**交換握手券和海報**。有些粉絲為了拿到自己喜歡的偶像商品，會在會場大喊：「有沒有人有譜久的海報和野中的海報可以和我換呢？」（※海報：A4大小的成員個人海報，可以釘在牆上。譜久：第九任隊長譜久村聖。野中：第十二期成員野中美希。海歸子女，英語很好）；或者是舉著一張紙，上面寫著「五月十四日個別握手會【讓】紺野×2、久住×3【求】新垣和工藤」尋找交換對象，交易相當熱烈。雖然我真的沒有很瞭解，但還是姑且補充一下，這些握手券是官方在買CD時附贈的周邊，裡面成員是隨機出現。所以粉絲在購買時，通常很難剛好買到自己偶像的周邊，只好花很多錢來購買CD。**這個系統可以說是最大化了營運方的效用**。如果粉絲抽到非喜歡的偶像周邊，就只能去找擁有這些周邊的粉絲交換。

各位應該也可以想像得到，這種以物易物的交易方式實在**非常麻煩**。因為實在很難找到手上有自己想要的周邊，又剛好想要自己手上有的周邊的人。

每當我在尋找以物易物的對象時，總是會想：「要是能有一種**專門的貨幣**，可以用來交換早安少女組的商品就好了」。

舉例來說，假設在粉絲們一致同意下，**發行了名為「AKS」的貨幣**。AKS源自於握手的日語（AKuShu）**的首字母縮寫**。

若引入這種專用貨幣ＡＫＳ，一定能大幅提升粉絲間交易的效率。

如果有ＡＫＳ貨幣，那麼當粉絲抽到不想要的周邊，可以馬上賣給其他人。只要粉絲間形成「海報一張五ＡＫＳ、握手券一張二十ＡＫＳ」的共識，一般粉絲就不會有「那個人好像有野中的周邊耶，不知道他能不能和我交換譜久的周邊商品呢……」之類的煩惱。只要先將手上的譜久周邊以五ＡＫＳ的價格賣給某個人，再用這五ＡＫＳ來買野中的周邊就行。如果所有人都有「五ＡＫＳ可以換一張海報」的共識，那麼對任何人來說，偶像的海報價值就會和五ＡＫＳ的價值相等，所以粉絲間可以用壓倒性的效率彼此交易。只要先將海報換成ＡＫＳ貨幣，再用拿到的ＡＫＳ貨幣來購買想要的海報就行。用以物易物的方式很難找到交易對象，但是在引入ＡＫＳ貨幣做為媒介後，便能夠順利完成許多交易。

那麼，接下來就讓我們來看看ＡＫＳ貨幣的三種功能「價值交換功能」「價值衡量功能」「價值保存功能」。

以物易物交易時，交易成立的條件為：「自己想要對方手上的東西，而且對方也想要自己手上的東西」。但通常我們**很難找到這樣的對象**。不過在這個例子中，只要使用ＡＫＳ貨幣，就能夠大幅提高交換效率。像這樣促進物品交換的功能，就是貨幣的「價值交換功能」。

這個功能可以讓商品的交換更為順暢。

再來是「價值衡量功能」。這可以幫助我們理解一項事物與另一項事物的價值差異。

在以物易物交易中，我們可以用一張海報交換另一張海報，但如果我們想要**用海報交換握手券**，又該怎麼做呢？

海報和握手券是不同的東西，價值也不一樣。所以在以物易物的交易中，我們無法確定海報和握手券要用什麼樣的比例交換。不過，如果有了AKS就不一樣。可以規定「一張海報是五AKS、一張握手券是二十AKS」，這樣我們就可以知道，「一張握手券與四張海報的價值相同」。

而且同樣是海報，畢業生的海報比現役成員的海報還要稀有，所以畢業生的海報價值通常會比較高。在以物易物交易時，我們很難將不同海報的價值分出差異，但在貨幣的幫助下，我們就可以訂出「現役成員為五AKS、沙由美為七AKS、後藤真希為十二AKS」的價值，以大家都認同的價值彼此交易。

最後則是「價值保存功能」。

以物易物交易時，如果長時間找不到交易對象，自己手上的商品會逐漸劣化。古時的肉或魚交易便是如此。偶像周邊也一樣，偶像成員可能會因為酗酒而聲勢下滑**（約束自我）**，使周邊的價值大幅下降。海報會因為日曬而變質，握手券在過了指定日期後就只是廢紙一張。不過，如果在變成那樣之前，就先把自己的商品換成貨幣，擁有的價值就會在瞬間固定下來，且能持續保持下去。至少在短時間內，金錢的價值不會變動太多。

以上就是貨幣的三個功能。AKS是偶像周邊專用的貨幣，日圓和美元則是可以用在所有商品上的實際貨幣。可能各位會想問：「用農作物和魚來舉例不是比較好懂嗎？」**抱歉，我聽不到。**

事實上，在金錢的歷史中，也不是從以物易物直接跳到紙幣交易。一開始人們會用易於保存、體積不大的東西做為貨幣，譬如米和貝殼等（所以貨幣的「貨」裡有個「貝」字）。後來人們改用金或銀等金屬做為貨幣，但金屬實在太重了，於是人們便拿自己持有的黃金向銀行或特定交易商換取**「黃金兌換券」**。

一般人隨時都可以拿紙製的「黃金兌換券」換取黃金。也**正因為每個人都知道「這張紙任何時候都可以換到黃金」，所以可以在不使用真正黃金的狀況下，直接拿兌換券做為媒介進行買賣。**

順帶一提，「可以交換黃金（或者是白銀）的兌換券」稱做「兌換紙幣」。其基本機制為「使用不論何時都可以兌換成黃金的兌換紙幣進行交易」，故也稱做**金本位制**。歷史上，人們使用「黃金兌換券」這種兌換紙幣來交易的期間相當長，金本位制一直持續到四十年前左右才消失。

這個金本位制……也就是「貨幣一定能換成黃金」的機制，對於使用不同貨幣的不同地區人們來說，交易上也比較方便。

舉例來說，假設以ＡＫＳ做為貨幣的國家「早安國」為了和美國貿易，故需決定貨幣的交換比例。當早安國的人們提案「一ＡＫＳ換一美元」，美國的人們並不曉得該用什麼樣的基準來判斷這樣的提案合不合理，所以也不曉得該不該同意。就算早安國再提出「在我們國家，海報一張的價值為五ＡＫＳ、畢業生沙由美的海報價值則是一張七ＡＫＳ。供您參考」的資訊，也完全無法做為美國人的參考。

萬一對方回答「**Really? Momusu**（早安少女組）在紐約舉辦巡迴演唱會之後，早安少女組在美國的人氣也變得很高！Ｙｅｓ，海報在美國賣五美元、沙由美的海報賣七美元！**Fantastic**！那就規定一美元＝一ＡＫＳ。**Nice to meet you! Make Momusu great again!**」出現了奇蹟般的共識，就可以馬上訂出匯率了。這時，貨幣的價值是以早安少女組為基準訂出來的，故可以說是**早安少女本位制**。然而現實中，各國文化存在差異，故很難在每個國家中建立相同的價值觀。不過黃金就不一樣了，黃金的蘊藏量有限，而且在每個國家的價值都差不多。因此，如果早安國也採用金本位制「將ＡＫＳ視為兌換紙幣，規定五十ＡＫＳ可以兌換一克黃金」，和外國的匯率交涉就簡單多了。只要計算彼此的貨幣兌換成黃金的比率就行。

但現在全世界皆已廢除了金本位制，各國都是用規定「這就是錢」的方式，讓國民相信手上的紙鈔是錢，讓紙鈔能發揮錢的功能。有些國家的人民偶爾會出現：「等一下，**這個真的是錢嗎？**」之類的疑問，於是紙鈔便瞬間廢紙化，這種狀態稱做「惡性通膨」，這點將在之後的章節中詳述。

以上，就是金錢的功能與歷史。下一章中，我們將介紹與金錢有關的衍生話題——如何決定物價。

05

物價

「看不見的手」也適用於印度的黑心計程車。

「看不見的手」這句話，對大部分人來說是好像有學過，但又不太確定意思的一句話。這是經濟學中常出現的用語，簡單來說，就是「市場上就像有一隻上帝之手，會將物品價格調整到適當位置」的意思。

這句話出自亞當．斯密（Adam Sumith）。嚴格來說，原本的句子中並沒有「上帝」一詞，而是以「看不見的手（an invisible hand）」來表示。如果是在基督教或伊斯蘭教等一神教國家，可能認為這裡不該出現神的名義，不過在對神明標準很寬容的日本，這也是神、那也是神，就連相聲中也可以直接對裝傻神打下去，一邊大笑一邊吐槽他「你在說什麼」。所以在日語中稱其為「上帝之手」，應該也沒什麼關係。順帶一提，如果是在中東等嚴肅對待

亞當・斯密
（1723-1790）

英國經濟學家。
古典經濟學派之父。
「看不見的手」就是他說的。
主要著作為《國富論》。

宗教的區域表演相聲時，賞了他們的神一巴掌，這些相聲藝人可能就會被激進派**送到真的有神存在的天國**。

商品或服務的價格，是由想要它的人與提供它的人——也就是需求與供給來決定。需求方的客人，與供給方的商品提供者會因為需求量和供給量的不同而有不同的交涉能力，最後達成平衡，決定市場價格。

「物品的價格由需求及供給決定」「想要的人越多，價格就會提高」，想必一般人都能理解。但實際上又是如何呢？在日本生活的我們，平常應該很難感覺得到這些價格機制。

便利商店和百貨公司內陳列著無數的商品，當我去超商買麵包，並不會和店員討價還價，而是安靜地拿著商品走向櫃台，安靜地將商品拿給店員刷條碼，安靜地付錢。就算到了午餐時間，排隊買麵包的人變多了，超商的店員也不會喊出：「各位顧客聽好！因為麵包的需求數量大幅增加，所以從現在起，這個『清爽口感的菠蘿麵包』要漲價到三百日圓」之類的話，當場調整價格。

尋找需求與供給的均衡點（剛好平衡的點），藉此決定市場價格的機制，叫做**市場機制**。不過在日本買東西時，比較難實際感受到這個機制的存在。

那要在哪裡生活才能感受到呢？以下就讓我用**在印度生活**做為例子，挑戰市場機制的視覺化吧。原本我就是以印度旅行的書籍出道的寫作者，和印度有著不解之緣。

在印度旅行時，最常坐的交通工具就是「人力車」。

人力車是三輪腳踏車再裝上客人座位的交通工具，沒有表可以跳。因此在搭乘人力車之前要和駕駛直接交涉車資。例如，你可能會向停在旅館前的人力車駕駛詢問：「我想去泰姬瑪哈陵，請問車資多少？」然後他會回答：「三〇〇盧比！」如果你同意，就可以上車。

不過要注意的是，**大部分的駕駛都很黑心**，特別是在接外國客的時候。即使依照過去的經驗，猜測「這段距離應該只要四〇盧比就行了」，印度駕駛卻能夠若無其事地喊出**八倍左右的金額**。

這時，乘客＝需求者，駕駛＝供給者，於是雙方開始交涉。

「三〇〇盧比？這段距離不管怎麼看也不用花到那麼多錢，便宜一點啦！」

「是喔？那你覺得應該要多少？」

「三〇盧比！」

「你真愛說笑。你是第一次來印度吧？對人力車的價格沒什麼概念吧？」

「我來印度第二次囉！我搭過人力車的次數都數不清！三〇〇盧比太誇張了。Discount please!」

「那還真是沒辦法呢。你是 Japanese 吧？OK，我也很喜歡日本，那就特別給你優惠吧。那就二九〇盧比？」

「**折扣也太低了！**說自己很喜歡日本，但是完全看不出來哪裡喜歡！**居然開出這種折扣，看來其實你很討厭日本吧！**你聽好，我剛才有問旅館老闆行情大概是多少，他跟我說從這裡到泰姬瑪哈陵差不多就是四〇盧比！」

「NO！你是住這間旅館嗎？這家旅館的老闆瘋了你知道嗎？他常常騙外國人，根本不能信任他啊！」

「**我可以信任他，至少比你還值得信任啦！**總而言之，二九〇 is expensive!! More more discount please!」

「真是個不聽別人說話的人。那我要公布最後的價格囉？最後的價格就是二八五！」

「NO! Nonsense! I don't understand。Oh my god!!!」（以下略）。

在冗長的交涉後（交涉過程真的是這樣），最後決定去泰姬瑪哈陵的車資是八〇盧比。雖然和當地的行情比起來稍微貴了一些，不過這麼看來，外國旅行者與人力車業者的市場行情應該差不多就是這樣吧。需求和供給的均衡點差不多就在八〇盧比左右。

另外要提的是，在交涉人力車價格時，我腦中常會出現「**如果用走的過去，應該早就到了**」的想法。不過我又累又熱，又不曉得目的地的詳細位置，而我們都是想要最大化效用的經濟人，所以就會像這樣激烈地進行費用交涉。

以上就是一般人力車的費用交涉，接著要來談談應用。要是**需求量比供給量還要少**，交涉會變得如何呢？旅遊淡季時，旅館內的旅客只有幾個人，但是在路邊等待客人的人力車卻有十台以上。

在前面的例子中，最後的價格是八〇盧比。但在這時候，應該可以再拗到更低的價格。

「八〇盧比太貴了，五〇盧比我才坐喔！」

「別開玩笑了！如果是這種價格，我早就倒閉啦！你這奧客！」

「我就奧客啊。既然你都這麼說了，那我就去找其他人力車交涉囉。」

「Wait!!等一下！我知道了啦！那就五〇盧比成交！真拿你沒辦法。」

「那就決定囉！namaste*」

經過這些交涉後，就可以順利降低價格了。也就是說，當需求量比供給量還要少，價格就會下降。

如果反過來，供給量比較少、需求量比較多時又會如何呢？旅遊旺季時，觀光客多到爆，卻只有幾台空的人力車。

這種情況下，平均價格就會比八〇盧比還要高。

「一二〇盧比。這就是最後價格了！你要是不同意就隨便你。」

「隨便我嗎？那我就去找其他人力車交涉囉。」（假裝要離開）

「……（無視）」

「我真的要走囉？這樣好嗎？我要走囉？拜拜（假裝要離開）！這次真的真的要走囉？拜拜（假裝要離開）！**對不起啦！是我錯了，我付你一二〇盧比就是了，拜託載我一程！**」

有議價能力的是駕駛，所以價格會比較高。

一般來說，日本的東西和服務價格通常是預先決定好的。不過在印度社會，特別是人力車市場中，市場價格會隨著供給與需求而即時變化。

那麼，如果需求下降，價格會不會無止盡地下降呢？如果供給下降，價格會不會無止盡地上升呢？事實上，價格並不會無止盡地上升或下降。要是人力車的車資過低，就會因為便宜而吸引許多人來搭乘人力車，需求上升，使車資上調。相反的，如果人力車的車資過高，就會有許多人轉行當人力車駕駛，供給上升，使車資下調。供給和需求會像這樣隨時變動，因此雖然距離相同，但車資會因不同時間點而不同。

乍看之下，價格都是自己講自己的，只考慮到自己的效用，選擇自己覺得適當的價格。不過這些講價的案例累積起來，就可以得到整個市場的適當價格。這就是亞當・斯密說的「就好像上帝伸出一隻看不見的手，決定了市場價格」，也就是所謂的「看不見的手」。

不過就算有所謂的平均價格，在人力車的市場中，只要客人是外國人，就算目的地相同，金額也會變來變去。最誇張的是，就算交涉時已經講好價錢，**抵達目的地時可能還會要你付完全不同的金額**。實在很難說是「上帝會伸出看不見的手，決定市場價格」。

不過，畢竟這裡是印度嘛。**印度神的手都多得不可思議**。再說，**印度本來就有很多神**

*註：梵語，意思是「我向你鞠躬」，有道謝之意。

明，像是濕婆、毗濕奴、難近母等等，**而且每個神明都有十隻手左右。**既然如此，平均價格會變來變去也是沒辦法的事。

總之，在日本的日常生活中不容易看到市場價格的決定方式，如果這個印度的例子能讓各位稍微能理解些，那就太好了。

06 什麼是獨占？

在聯誼市場中，「獨占」是非常糟糕的行為。

以上是本書的前五章，想必大家應該也開始覺得這本書實在太搞笑了，甚至可以說**根本不知道這本書的主線在哪裡**。所以現在先讓我把電車駛回正軌，認真整理一下內容吧。這本書畢竟是講經濟學的書，不是譁眾取寵的部落格。雖然我現在才想起來。

經濟學中，會假設世界上所有進行經濟活動的人們都是「永遠理性決策的經濟人」。什麼是理性的經濟人呢？譬如說，經濟人在購物時會仔細思考機會成本：「要是把這些錢用在其他地方，可以產生多少效用呢？」永遠想著如何在有限的預算與時間內，獲得最大的效用。

如果市場上都是這些經濟人，不管是需要或是提供商品、服務的人們，都會優先考量自己的效用，並與對手積極交涉（直接或間接），最後需求與供給雙方將達成均衡，就像有一隻「看不見的手」引導市場價格到適當的位置。而這種決定市場價格的機制，就稱做市場機制。順帶一提，印度的人力車真的很黑心。

以上就是前幾章的大綱（雖然也包含了一個不需要的資訊）。

理好頭緒了嗎？拜各位之賜，我也理好頭緒了。畢竟，將腦中的知識寫成文章輸出之後，才能牢牢印在腦海中。

既然好不容易回到了正軌，做為一個好學生努力至今的我，接下來一定會規規矩矩地持續在這個軌道上前進。

雖然商品和服務的價格都是由市場價格，也就是市場機制（也有人說是市場原理）決定，但實際上，市場機制並不是一直都能完美運作。「上帝那隻看不見的手」不是永遠都能發揮作用。

就算是神，二十四小時都看著市場變化也會累。每到秋天，全日本的神明都會到出雲大社舉辦研討會，這時候的市場就是神無月。以北海道為例，北海道的神這時候出差到出雲，如果祂想要管理札幌的市場價格，就要有一隻**二〇〇公里長的手**才行，這實在太難了。不管是吃了多厲害的惡魔果實，都不可能把身體伸得那麼長。

譬如說，市場中出現**獨占**時，市場機制就無法順利運作。

所謂的獨占，指的是某個公司單獨控制了整個市場。用上一章的人力車為例，在印度的「交通市場」中，如果經過激烈競爭後，只有一個人力車營運公司留下來，其他公司都被淘汰了，就會成為獨占。

原本人力車是每個駕駛各自向管理公司租用自行車，以個人事業（自營業）的形式經營。所以市場內會出現競爭，進而將車資調整在適當範圍內。但假如這些人力車駕駛會像日本的計程車公司一樣，組成計程車公司，而且除了「BollyBolly人力車（『Bolly』是『Bollywook（寶萊塢）』的Bolly）」這家公司以外，其他人力車公司、計程車、公車等所有交通方式全都消失了，事情會變得如何呢？

這樣一來，當人們想要移動到其他地方，就只能使用BollyBolly人力車。擁有獨占優勢的BollyBolly人力車在議價時自然會囂張起來。

「我想去泰姬瑪哈陵，去那裡要多少錢呢？」

「三〇〇盧比。」

「三〇〇盧比也太貴了吧！Discount please!」

「這樣啊，真拿你沒辦法。既然如此……，**那你就用走的去吧！**」

「對不起！我付你三〇〇盧比就是了，拜託載我一程」

因為沒有其他選擇，所以只能依照BollyBolly人力車規定的價格付錢。

在沒有價格競爭的情況下，車資會莫名的高。而且因為乘客一定會選擇這家公司，所以公司沒有必要積極提升服務品質。就算駕駛很傲慢、座位很破爛、煞車有異音，乘客也不會減少。因此，當市場被獨占，市場上的商品價格降不下來，品質也升不上去。

而且，即使有新的企業想要加入市場，獨占企業也能輕易阻止新企業的加入。BollyBolly人力車可能會向上游的自行車公司或座椅製造工廠說：「喂，你們不准賣東西給那個新加入的『GillyGilly人力車』喔！要是你們敢賣東西給他們，以後我們就不跟你們公司採購了。」對他們施壓。而新加入的GillyGilly人力車想用賠本價搶占市場時，資金更多的BollyBolly人力車卻能推出：「反詐欺宣言！感謝大家的支持：期間內不管搭到哪裡，車資都是一盧比！」之類的企畫，用更誇張的價格與之競爭。

待GillyGilly人力車在削價競爭中遭淘汰後，BollyBolly人力車又會回到原本獨占市場時的囂張樣，說出：**「詐欺歸來！Make詐欺great again！完全撤回『反詐欺宣言』！第一次搭乘的車資為三〇〇盧比，一毛都不能少」**之類的話。※這種行為又叫做「傾銷」。

看到這裡，各位應該大概能理解獨占的缺點。

人際關係也有類似情況。以聯誼為例，假設聯誼會場的男性中，只有一位是家財萬貫的大富豪、被稱做**紀州唐璜**的花花公子，聯誼會變得怎麼樣呢？他壓倒性的財力會支配整個聯誼市場，獨占所有的未婚女性。在這位紀州唐璜強大的力量面前，其他男性會覺得：「跟這個人比根本沒勝算啊」，連競爭的力氣都沒有。在魅力競爭上輸掉的男人們，也漸漸失去工作和打扮的動力，最後使男性市場整個腐爛。

所以必須用更大的力量，阻止這種會弱化整個社會的獨占。為了防止紀州唐璜獨占所有女性，需制定「禁止重婚法」。而實際上，政府也會為了維持市場機制的健全，制定「**反壟斷法**」來保護市場。各國政府平常不會干涉市場，但在市場機制無法順利運作時，就會介入市場，使之健全化。這就是政府在市場經濟下的功能。

事實上，經濟學中有「讓市場機制運作順利的條件」。要是沒有滿足這個條件，市場機制便無法順利運作。

這個條件就是：這個市場所在區域的經濟制度必須為**資本主義**。

「資本」這個字有多種意義，包括成立公司、生產產品或服務時所需要的材料，資本額、機械、工廠、土地，甚至「勞工」也可以算是資本。

卡爾・馬克思
（1818-1883）

德國經濟學者。
共產主義、社會主義的重要人物。
主要著作為《資本論》。

如果這些資本皆可為私有，以這些資本生產的商品亦可自由買賣，這樣的制度就稱做資本主義。……咦，很難懂嗎？

和資本主義比起來，「**什麼不是資本主義**」或許比較好理解。那麼「什麼不是資本主義」呢？**社會主義**就不是資本主義。我認為，只要先理解什麼是社會主義，然後由「**不屬於社會主義的制度，就是資本主義**」來瞭解什麼是資本主義，應該會比較有效率。順帶一提，「民主主義」是政治制度的一種，和經濟制度的「社會主義」「資本主義」是不同的分類方式。民主主義的相反並不是社會主義，而是「獨裁政治」。

那麼，接著就來說明一下什麼是社會主義。從歷史看來，社會主義可以說是為了**對抗**

資本主義而誕生的機制。資本主義先出現在這個世界上，然後社會主義才出現。

在資本主義社會中，人們可以創業、販賣商品、購買商品、削價競爭，每個人都能自由進行任何經濟活動。不過，有個人認為「資本主義社會會為人類帶來不幸」，那就是十九世紀的德國經濟學者**馬克思**。

馬克思認為：「如果放任經濟隨人類的欲望自由發展，苦的會是平民。那些資本家只會想著要賺更多錢，而用極低的薪資雇用勞工，把勞工當成奴隸一樣逼他們工作。資本家們還會任意提高物價，打亂人民的生活。黑心企業的勢力正在蔓延到全世界。第一，他們會吸人民的血！第二，他們無惡不作！第三，他們就像現實中的鬼*！（以下略）」

簡單來說，馬克思認為，自由經濟活動下，會產生金錢欲望很強的資本家，而資本主義下，只有一小部分的成功者，其他人卻過得一點也不幸福（這話說得多少有些誇張化）。

確實，即使到了二十一世紀的現代，階級差異與黑心雇主仍是很大的社會問題。應該不難想像，在沒有勞動基準法，人權意識亦相當薄弱的一百多年前，那些勞工們做著多麼嚴苛的工作。

---

*註：此處將資本家影射為桃太郎故事中的惡鬼。

為了消除這種不平等的狀態，馬克思開始提倡**「東西的價格、產量，以及勞工的薪水，都要由國家決定」**的經濟制度。這就是社會主義。

也就是說，如果放任欲望強烈的人們控制無知的人們、放任經濟自由發展，只會讓惡質資本家越來越猖狂，形成弱肉強食的世界。因此，**所有經濟活動都應該要由國家來管理**。公司全都轉為國營企業，再從勞工中選出代表，徹底討論、計畫「生產什麼」「生產多少」「賣價多少」「雇用多少人」「薪水要付多少」。馬克思主張，這是最好的經濟模式。

當然，並不是所有資本家都是壞蛋。不過在資本主義制度下放任自由競爭，企業便會為了不被淘汰而強迫勞工做更多工作，或是削減人事費。從勞工的角度來看，資本家的行為就和壞蛋沒兩樣。既然如此，只要由國家來管理產品的產量、價格，以及員工薪水，便不會有「為了競爭而調降價格」「為了競爭而調降人事費用」等問題。資本主義的原則是「自由」，社會主義則把「平等」擺第一。

接下來，就讓我們來詳細談談這個把平等擺第一的經濟制度——社會主義吧。下一章會列出幾個採用社會主義的國家，看看他們的實際狀況，經濟又會如何發展。

07

社會主義經濟

馬克思先生、毛先生、金先生、列寧先生……

你們太小看國民的自私程度了！

為了讓市場上的人們擺脫「不是吃人就是被吃」的競爭風險、防止物價變動、改善嚴苛的勞動環境，政府將資本全部收歸國有，徹底管理工廠要生產什麼、生產多少、賣多少錢、發多少薪水。由精通經濟學的菁英依照整體環境，制訂計畫，管理經濟，並避免讓「自私的庶民」或「無知的庶民」干擾計畫。這樣，所有經濟活動才能夠平穩的進行，建構出一個沒有貧困、沒有差別待遇的平等社會。

社會主義經濟便在這種完美無瑕的理想中誕生。究竟，社會主義是否能像預估般的，為整個社會帶來平穩、平等呢？新的經濟制度是否能成功呢？

馬上來看幾個具體實例吧。採用社會主義經濟制度的國家，包括過去的中國、蘇聯、南斯拉夫、利比亞、古巴、北韓等國家。

原來如此，從這些國名可以看得出來，**明顯是個失敗的制度啊！光看這個清單就覺得這完全是個失敗的東西。不管怎麼看，這幾個國家都不平穩也不平等，根本都是些危險的國家**。

總之，社會主義經濟**幾乎都失敗了**。

拿前面提到的國家來說，蘇聯和南斯拉夫後來都分裂了；北韓現在仍是社會主義，但國內充斥著饑荒；中國和利比亞都回頭擁抱資本主義；現在只有古巴仍堅持著社會主義。

社會主義為什麼會「失敗」呢？社會主義經濟最大的悲劇就是，**國民變得不想工作**。社會主義認為「不能把經濟交給那些自私的庶民」，於是把權力交給了集才智於一身的菁英人士，期望能建構完美、平等的經濟。但是，**國民自私的程度，卻遠超過了菁英人士們的預測**。

這些菁英們完全沒預料到「競爭消失後的社會樣貌」。這表示，不管是讓菁英人士來領導，還是隨便一群人來領導社會主義國家都沒差。反正他們都預料不到這種事。

社會主義國家中有個特殊的制度，稱為「集體農場」。

因為社會主義規定「絕對要平等」，所以蘇聯、中國、北韓等國家的土地皆為國有。如果允許土地私有，那麼擁有土地的人和沒有土地的人就會出現階級差異，產生不平等的情況。

於是，原本擁有土地的地主與農民被國家趕走，甚至殺害。他們的土地由國家接收，農地全為國有，而政府高官們（菁英們）會制定嚴密的生產計畫，讓每位農民都做一樣的工作，就像公務員一樣，朝著共同的目標，用共用的工具，在共用的土地上，培育共有的農作物，領相同的薪水，在同一個餐廳，吃相同的工人餐。收穫會全數上繳國庫，然後再平均分配給所有人。這就是理想中的平等社會！

集體農場制度充分反映了社會主義的精神。但是此制度開始沒多久後，**農業生產力便大幅下滑**，因為**勞工都提不起勁工作**。

集體農場內，所有勞工都是公務員。所以**不管做多少，薪水都一樣**。

再怎麼努力種田，增加田地的收穫，成果也都會被國家徵收，再平均分給所有人。而且，平常大家都是團體工作，就算自己很努力，要是有人偷懶，團體的工作成果就會正負相消歸零。努力的人和偷懶的人都在領同樣的薪水，吃同樣的飯。每個人的工作量都不一樣，報酬卻都相同。在這樣的環境下，又有誰會認真工作呢？

就算是沒有經歷過社會主義經濟的我們，應該也能夠想到這樣的結果才對。「社會主義經濟與資本主義經濟下的勞工，工作的動力會不同」，這就像是**幫別人工作和自己經營事業**

再怎麼努力薪水都一樣，乾脆放空吧。

的幹勁會完全不同一樣。

剛好我兩種工作經驗都有，就讓我用自己的經驗為例子來說明吧。在我二十多歲的時候，曾有很長一段時間是兼職員工、派遣社員等「時薪制」員工。

在某種意義上，時薪制可以說是社會主義性質的制度。因為不管你是非常努力地工作，還是非常努力地**假裝在工作，其實是在瀏覽農場網站**，一小時可以拿到的薪水都一樣（如果沒有被發現）。

我以前曾經在「客服中心」工作，專門接聽客戶的來電。這也是個時薪制工作，我做為數十人團隊中的一員，需要和許多同事們一起執行相同的業務。

當「等待人數」逐漸增加，一些工作人員

就會認真起來，說著：「來吧！我要多接聽幾個電話，讓等待人數歸零」。

另一方面，我也會說：「來吧！我要多接聽幾個電話，讓等待人數歸零。開始手癢了呢！先讓我去廁所打理一下，再來接個十通電話。只要先讓我去一趟廁所，我就能拿出令人讚嘆的工作成果了。」然後集中精神離開座位，前往洗手間的隔間內進行**冥想與想像訓練**。為了和步步進逼的客戶電話賭上命運決一死戰，必須先**沉澱心情，鍛鍊精神**。

在冥想結束，做好萬全準備，進入戰鬥狀態後，終於能回到位子上開始大顯身手。但不可思議的是，就算我沒出手，在其他認真的工作人員的努力下，等待人數早已歸零。啊——難得我認真起來，都做好暖身了，真是不巧。

沒錯，就是這樣。我……在**打混**。

因為**不管有沒有努力工作，拿到的時薪都一樣啊！**

我們這些派遣人員的**待遇是平等的**。就算自己稍微打混一些，只要其他人幫你補回來，也能順利完成工作。而且大家都是拿一樣的薪資，擁有相同的福利。既然如此，有誰會想要率先去接聽客戶的抱怨電話呢？**努力後獲得的效用也太低了吧！別小看國民自私的程度。**

當然我也很清楚自己的行為十分糟糕。那時候的老闆要是知道了，一定很想殺了我。阪急東寶集團（現在的阪急阪神東寶集團）的創業者小林一三曾說過：「如果你被叫去當個管鞋人，就立志成為日本第一的管鞋人吧。這麼一來，就不會有人把你當成一般的管鞋人了」。各位一定也要將這句話銘記於心喔。不管是多細微的工作，也要全力以赴。我也一直把這句話當成我的座右銘，不過在工作的時候會假裝不知道。

嗯……這不是我的錯。**錯的是這個機制。**社會主義國家的人們之所以都不工作，並不是因為他們每個人都很懶惰。是**社會主義這種經濟制度，會讓人們變懶惰**。我也一樣啊。我才不是那麼懶惰的人，是時薪制讓我變成了廢人，讓我變成了負面教師界的鬼塚英吉*（人稱逆ＧＴＯ）啦。

證據就是，**我在成為作家之後，工作時就突然變得非常認真。**

作家毫無疑問是自營業。而所謂的自營業就是，「要做什麼、要做多少都是個人自由」的世界。但不保證每個作家的待遇會平等。自己做多少，就能獲得多少酬勞。這就是**資本主義的世界**。就算我寫作時突然卡住，逃到廁所去冥想，或者看農場網站打發時間，也絕對不會有同事來幫我寫稿。沒有固定薪資，報酬完全由自己的表現決定。

社群網站上也可以看出這樣的傾向。網路上有許多人在抱怨自己的公司，卻很少看到公司經營者抱怨自己工作的文章。基本上，創業家們通常不會抱怨工作，反而會在網站上寫下他們到底有多**熱愛工作**，愛到讓人覺得有點不舒服的程度。這就是資本主義下的工作熱情。

這麼講可能有過度簡化的嫌疑，不過這其實就說明了社會主義與資本主義的人們，在勞動意願上會有很大的差異。同樣是人類，處於不同經濟體系下，想法也會不同。

即使社會主義國家的菁英們規劃了看似完善的經濟計畫，集體農場卻失敗了，蘇聯、中國、北韓等國家都出現糧食不足的狀況，有難以計數的人民因飢餓而死。務農是隨時要應付突發狀況的工作。但在集體農場中，不論有沒有努力工作，報酬都一樣。這樣就沒人會在暴風雪時，為了保護小麥免於受災而半夜跑到農場工作。這種事交給其他人去做不就好了嗎？

不只是農業，在所有生產活動中都會出現類似情形，所以社會主義國家內，各產業的國際競爭力會落後其他國家。

雖然這裡談到了「國際競爭力」，但社會主義國家根本就是個排除競爭的社會。假設一個班級有三十個學生，三十個學生一起賽跑時，鳴槍後所有學生一起起跑，跑得快和跑得慢的學生會慢慢拉開差距，這就像資本主義下的競爭；不過在社會主義的賽跑中，卻會讓所有班級成員排成一橫列，並將所有人的腳綁起來，就像在玩三十人三十一腳一樣。

---

*註：漫畫《麻辣教師GTO》中的角色。

於是，社會主義班級的賽跑紀錄，就會等於班上**跑最慢的學生的紀錄**。即使是班上跑最快的人，也會被強迫要慢慢跑。這麼看來，如果兩班一起賽跑，社會主義永遠不可能贏過資本主義。如果華特・迪士尼和史蒂夫・賈伯斯在社會主義國家中出生，他們的腳就會和其他平凡的人綁在一起，只能一直做著簡單的工作，米老鼠和 iPhone 也不會誕生。

另外，社會主義還有一個很大的缺點——**不能自由表達意見**。

如前所述，和資本主義國家相比，社會主義經濟通常生產力很低，也很貧窮（均貧）。要是資訊能在人民間自由流通，就會出現「其他國家的人民居然在吃那麼美味的食物，開低油耗的車，而且大家都人手一支智慧型手機，也有迪士尼電影可以看。和他們相比，為什麼我們國家那麼糟糕呢？食物不夠吃、衣服很土、電影院也只會播宣揚毛澤東這種**又爛又無聊**的電影。這不都是社會主義害的嗎？既然如此，那就**革命吧！**」之類的聲音，煽動民眾的不滿。社會主義國家的掌權者為了把持住權力，不讓事態發展至此，通常會封殺各種言論，控制資訊流通。

現在的中國是GDP世界第二的經濟大國。而中國的經濟之所以能快速成長，就是因為他們**放棄了社會主義**。據說在毛澤東時代，有四千萬中國人餓死*，導致經濟崩潰。但在中國廢除集體農場，「能自行決定要種哪些農作物」後，人民的種田效率瞬間提升到最高，也解除了糧食不足的問題，使經濟飛快成長。

由社會主義的失敗，可以理解到致力於「結果的平等」而非「機會的平等」是一件多麼愚蠢的事，以及「競爭可以幫助人類成長」這件事。我們也要隨時注意自己身處的環境，以免自己失去了競爭力。

*註：中國「大躍進」時代。

08

銀行與貨幣擴張

用民宿與殺人事件來說明銀行的工作。

假設你因為某些事情……譬如說旅行、留學、挑戰千日回峰行*等，必須離開家裡，卻沒有人能幫你看家。

那麼在數週內或數年內，這個家或房間都不會有人居住。

既然沒有人住，不如把空房租出去。畢竟房間放著也是放著，不如這段期間內把房間借給其他人，再和他們收租借費用，這樣不是大家都有好處嗎？你可以獲利，需要房間的人也有地方可以住。

事實上，近年來就有許多人透過網路，把空房借給需要住處的旅客（或者是旅客透過網路尋找空房），也就是所謂的**民宿**。……沒錯，就是那個**偶爾會發生殺人事件的民宿**。

雖然可能會發生殺人事件，但這種大事件的發生機率都在1%以下。各位找民宿的時候應該不需要擔心才對，一定都會沒事的（雖然沒有根據）。

總而言之，如果**假裝沒看到這些偶爾發生的殺人事件**，那麼將「沒在使用的房間」租給別人使用應該不是壞事才對。……而這也**和「金錢」的運作原理類似**。或者說，在有銀行介入的金融體系下，我們**一直都**是這樣用錢。

一般來說，我們並不會把薪水或零用錢一次花光，而是會存下一部份。

那既然沒有人會用到這些錢，不如把錢借出去？畢竟錢放著也是放著，不如這段期間內把錢借給其他人，再和他們收借錢的費用，這樣大家都有好處。你可以獲利，需要錢的人也有錢可以花。

將閒置的房間借出去，和將閒置的錢借出去，其實是類似的行為。不過在借出空房時，房東和房客可以直接交易；不過借錢給人時，通常需要銀行做為媒介。我們會將暫時用不到的錢存在銀行，銀行再**將蒐集到的存款借給「需要錢的某個人」**。譬如需要資本（金錢、工廠、機器等）的企業、需要房貸的個人。

＊註：日本僧人的苦行。

銀行將蒐集來的存款借給其他人時，會向他們收取借錢的費用，也就是**利息**。這些利息扣除一部分供銀行營運使用，剩下的部分會發還給這些錢原本的主人，也就是將借錢的費用回饋給我們這些存戶。這就是為什麼把錢存在銀行時可以產生利息，銀行又為什麼可以獲利。簡單來說，把錢存在銀行時，銀行會再把這些錢借給某個人，然後將借錢的費用回饋給存戶。

或許有些人會覺得「無法接受銀行還要從借錢的費用中抽成！既然要借錢給人，應該要像民宿一樣，直接和要借錢的人交涉。」確實，要是我們能像借民宿給人那樣，直接借錢給當事者，應該可以拿到更多利息。

但如果像民宿市場這樣，貸方與借方都單打獨鬥，交涉時就沒辦法看出每個人的品行，所以才會出現那麼多犯罪或殺人事件。前面我們提到：「如果假裝沒看到這些偶爾發生的殺人事件，那麼將『沒在使用的房間』租給別人使用應該不是壞事」。如果是在武神關羽隨便一揮刀就能砍掉五十個人的三國時代那也就罷了，但在這個人命相當寶貴的二十一世紀，當然**不可能假裝沒看到這些偶爾發生的殺人事件**。

總而言之，在民宿的租借交易中，很難看得出對方是不是好人。但在《三國演義》中有個故事，一位主君因戰亂而投宿領地的農民住家，但當時缺乏糧食，於是善良的農民就**殺了**

自己的老婆，用老婆的肉做成料理招待主君。即使是在只有好人的世界，民宿還是可能會發生殺人事件。

連自由租借房間都會出事，要是每個人都自由借貸金錢會更恐怖。就算網路上沒有自由借貸金錢的服務，也已經有不少人因為金錢糾紛而殺人。要是採用民宿的租借機制，讓錢能在人民之間自由借貸，治安將會變得像三國時代一樣敗壞。

為了防止社會陷入世界末日般的狀態，讓大家都能夠安心借貸，在金錢的借貸過程中，我們需要值得信賴的第三者，也就是銀行做為媒介。拜銀行之賜，我們不需要直接和想借錢的那些魑魅魍魎來往，銀行會幫我們嚴格審查，防止借貸產生問題。

於是，在銀行的仲介下，存錢在銀行的人可以拿到利息，想借錢的人也可以獲得資金。銀行在這樣的機制下，還能發揮一個很重要的功能——**貨幣擴張**（Money creation）。

簡單來說，貨幣擴張就是指增加**社會上的金錢量**。這不只是「讓金錢能被有效利用」那麼簡單。在銀行的仲介下，社會上的金錢量會像魔法般逐漸增加。

用一個簡單的例子來說明吧。假設你在銀行存了一〇〇〇萬日圓，銀行又將這些錢貸給了「Soyota 汽車」。

這時候金錢量會變成兩倍。

你在銀行存了一〇〇〇萬日圓後，存款簿上會多一筆「一〇〇〇萬日圓」的紀錄。這表示「你擁有一〇〇〇萬日圓」。

不過，在銀行將這一〇〇〇萬日圓貸給「Soyota 汽車」後，**「Soyota 汽車」的資產也會增加一〇〇〇萬日圓**。你仍有一萬日圓存在銀行，但同時，「Soyota」手上也多了借來的一〇〇〇萬日圓。考慮「金錢總量」，將兩者相加後可以得到的金額總計為二〇〇〇萬日圓。也就是說，**在銀行的仲介下，金錢的量會變為兩倍**。

這就是貨幣擴張。銀行介入金錢的借貸後，社會上的金錢總量（也稱做貨幣供應量）就會變多。

貨幣擴張的厲害之處在於它不只讓**金錢變成兩倍**。

讓我們再用「Soyota 汽車」的例子說明。雖然例子中「Soyota 汽車向銀行借錢」，但這些錢並不會以現金的形式直接交給「Soyota」。多數情況下，這些錢會匯入「Soyota 汽車」在銀行裡的戶頭。如果「Soyota」沒有馬上將這些錢全額領出，就會變成「Soyota 汽車在銀行裡存了一〇〇〇萬日圓」。

這代表**銀行又可以將這些錢借給其他人**。銀行可以將「Soyota 汽車」存在銀行戶頭裡的錢，再**貸給「Samada 電機」**。這時的金錢總量就會變成你戶頭內的一〇〇〇萬日圓，加上

「Soyota汽車」的一〇〇〇萬日圓，再加上「Samada電機」的一〇〇〇萬日圓，合計三〇〇〇萬日圓。如果銀行再將「Samada電機」存在銀行裡的錢貸給「佐藤洋華堂」，金錢總量會再增為四〇〇〇萬日圓。現實中只有一〇〇〇萬日圓的錢，經過貨幣擴張後，可以增加為四倍。

這種讓錢產生許多分身的機制看起來似乎有些不可思議，或許有人會想問：「雖然大概可以瞭解這些原理，但**這有什麼好處嗎？**」

為了讓各位更瞭解這個機制，讓我們用另外一種不同於金錢的例子來說明。譬如要是**人際關係**也存在貨幣擴張機制，情況會變得如何呢？

假設A子、B子、C子、D子等四人，在一個時髦的餐廳內開女子會。時髦女性愛吃的東西也很時髦，譬如「法式鹹派（quiche）」就是一種好吃，又能拍照上傳IG的料理。而這四名女性聽說這家餐廳有「美味的法式鹹派」後，便帶著智慧型手機聚集於此。

在每個人都拍下法式鹹派的照片，上傳到社群網站之後。只有女生的聚會自然會開始聊起戀愛話題。

A子因為上週交了新的男友而興奮不已。B子的男友最近工作很忙，沒什麼時間理她，讓B子相當失落。C子和交往了兩年的男友時常吵架，不過基本上感情還算穩定。D子則是上個月訂了婚，還不經意露出無名指上的戒指給朋友們看，讓朋友們心生羨慕與忌妒。

在這個聊戀愛話題的女子會中，「聊到了幾位男性」呢？一般人應該會認為是四位吧。也就是A子的男友、B子的男友、C子的男友，以及D子的男友。

不過，若是這四位男性**其實是同一個人的話會如何呢？**這四位女性以為她們的男友是不同人，但**其實她們的男友是同一位——把妹就像吃法式鹹派一樣簡單，而且經常腳踏多條船的「法式鹹派唐璜」——多股翔先生。**

這位百年難得一見的玩家對每位女性說：「要不要來我家吃法式鹹派？」用這種甜蜜的話語吸引女性，然後再吃掉她們。女子會的四人都是這位法式鹹派唐璜的受害者。

這種情況下，我們可以說**法式鹹派唐璜——多股翔先生正在進行貨幣擴張**。現實中只有一位多股翔，但他獲得了許多女性的信任，透過貨幣擴張的方式增加到了四個人。換言之，在貨幣擴張的威力下，**社會上的多股翔先生變成了原本的四倍**。

接著來回答前面提出的問題：「這有什麼好處」。

多股翔增為原本的四倍後，ABCD子會發生什麼事呢？**大家都會很開心**。要是多股翔先生只有一人，因為交到男友而開心的女生就只有一個人。不過因為多股翔先生獲得了許多女性的信任，使多股翔增加到原本的四倍，**讓四倍的女性都能 Happy 起來**。既然四個人都有男友，就可以毫無顧忌地聊起來，讓女子會變得很熱鬧。

金錢的貨幣擴張也有同樣的優點。

沒錯，和一個人擁有一〇〇〇萬日圓相比，**四個人都擁有一〇〇〇萬日圓一定會更開心**。若每個人都是有錢人，就能毫無顧忌地做生意，促進經濟活絡。

景氣的「氣」就是氣氛的「氣」，讓每個人在參與經濟活動時都很開心，景氣才能越來越好。而且，在金錢的貨幣擴張中，**不會有人因此遭逢不幸**。在多股翔先生的例子中，如果四名女性發現真相，多股翔可能會有危險。**雖然不是民宿，卻可能會發生殺人事件**。如果是金錢，只要人們明白貨幣擴張的意義，就算知道真相，也不會因此變得不開心。

不過，不管是哪種貨幣擴張，都需要「獲得每個人的信任」。若多股翔先生失去女性的信任，就會面臨悲慘的命運；若銀行失去存戶的信任，存戶就會搶著提出存款，也就是擠兌，導致銀行倒閉。

事實上，法律規定銀行必須保留一定比例的存款，也就是所謂的「存款準備率」，所以金錢並不會無限增加。另外，金錢的貨幣擴張也和「貨幣政策」這個改善景氣的方法有關，這部分我將在之後的章節中說明。

接著讓我們來談談日本銀行。

女子會上的貨幣擴張

09 日本銀行的角色

來談談我使用偽鈔的經驗，絕對不要跟別人說喔！

「日本銀行」（日本的中央銀行）和其他一般銀行並不相同。我們不會在車站周圍看到日本銀行的分行，刑事劇中也不會出現**想搶日本銀行的搶匪**。

因為日本銀行並不是一般的銀行，他們的安全防護等級相當高。要是真的有人以日本銀行為目標，這些人就得做好充足的準備。**團隊成員要像湯姆克魯斯一樣厲害**，才有辦法侵入。不過，要是**搶來的錢比雇用湯姆克魯斯的錢還要少**，搶日本銀行就不是一個好主意。

日本銀行簡稱日銀，和一般銀行不同，一般人沒辦法把錢存在日銀，日銀也不會把錢貸給企業。那麼，日銀到底在做什麼呢？

日銀有幾個重要工作，首先是大家熟悉的**「發行紙幣」**。日本紙幣的正式名稱為「日本銀行券」，世界上唯一能印日圓紙幣的機構，就是日銀。

和國外的紙幣相比，日本紙幣可以說是「相當結實」。在日本很少會看到滿是皺褶的紙鈔，拿到手上的紙鈔大都相當平整。日本的自動販賣機也值得信賴，所以我們在自動販賣機前買飲料的時候，可以毫不猶豫地放入紙鈔。

在日本以外的地方又是如何呢？若是在國外，紙幣材料本身就很不同。另外因為很多人會把紙鈔直接放在口袋裡面，隨便摺成一團，所以不少紙鈔會有一堆皺紋、破損，甚至還有塗鴉。

在國外，有些自動販賣機可以放入紙鈔。但在把紙鈔放入自動販賣機時，就像是在玩**黑鬍子危機一發*時，把劍插入木桶內的行為一樣**。因為**實在很難想像真的會有商品掉下來**。即使國外的自動販賣機感覺不太能正確辨識出紙幣，也很難看出其他部分有沒有正常運作。但是先進國家也是如此。舉例來說，在美國的老舊公車總站內，有一些零食的自動販賣機。但這些販賣機的狀況很糟糕，感覺要是放入紙鈔後，下一秒自己就會大喊：「搞屁啊！沒有巧克力棒掉出來，錢也被吃掉了！這台機器在幹嘛」。所以不管肚子再怎麼餓，都不會想把紙鈔放進去。甚至還會覺得，與其把紙鈔放入自動販賣機，**不如把這十美元紙鈔直接吞下肚，或許還比較能填肚子**。國外的自動販賣機就是那麼不值得信任（這只是個人想法）。

基本上，國外的紙鈔都太皺，放不進販賣機內。而且**還有很多外國紙鈔軟得跟面紙一樣，彈力低到連販賣機的投鈔口都很難把這些紙鈔吸進去**。

而在日本，紙幣太過老舊，或者有破損時，就會趁早回收。紙鈔讀取機的精密度也很高，所以我們可以放心地把一〇〇〇日圓紙鈔投入販賣機。

另外，很少偽鈔也是日本紙幣的特徵。在日本店面拿出一萬日圓紙鈔付款時，店員可能會拿起紙鈔對著燈光觀看，卻很少會拒絕收下。國外卻很常拒收紙鈔。在美國和中國，許多店面的收銀台會明確標示「拒收大面額紙鈔」。就算不拒收，當你用一〇〇美元或一〇〇人民幣付款，店員會明顯露出不信任的表情，還會問其他店員：「這鈔票是真的還假的啊？你怎麼看？」然後和其他店員開個會，把你晾在一邊。這在國外可說是稀鬆平常的事。

美元和人民幣就是有那麼多偽鈔。我到中國旅行時，就曾經從中國銀行設置的ATM中領到人民幣**一〇〇元的偽鈔**。為什麼我會知道這是偽鈔呢？我剛領出來的時候也認為這是真鈔（因為是從ATM領出來），所以也用這些鈔票來付款。但在我付款時，每一個店員都跟

---

*註：一種玩具。玩具木桶上有許多洞，其中有一個洞會觸發開關，劍插入洞中開關時，木桶內的海盜就會跳起來。

我說：**「喂，你這傢伙居然拿偽鈔來付錢！我們不收偽鈔啦！」**然後把鈔票退回來。有時候還會引起其他店員注意，在背後指指點點：「那傢伙居然拿偽鈔來付錢耶。唉呀，他長得就一副會用偽鈔的樣子嘛。不管是鈔票上的皺摺還是他臉上的皺紋，都有滿滿的偽造感，我看他寫的新聞也是假新聞吧。」

雖然每個商店的店員都說這是偽鈔，卻不曾有店員報警處理。這表示，中國就是一個偽鈔多到見怪不怪的地方。

順帶一提，最後我實在受不了，於是到中國銀行的櫃檯跟櫃員說：「你們的ATM居然吐偽鈔給我！快幫我換回真鈔！」但是頑固的行員卻不理會我的請求。行員對我說：「不可能換給你吧！還是說，拿偽鈔去你們國家的銀行跟櫃員說『換真鈔給我』，他們就會換給你嗎？」

確實如此。這個世界上怎麼可能會有願意用真鈔跟民眾換偽鈔的銀行。**但我就是不能接受！**我只是和一般人一樣，到ATM用信用卡領外幣現金而已，卻損失一〇〇人民幣，還被當成偽鈔詐欺犯，太不公平了。你們明明是追求平等的社會主義國家不是嗎？（雖然中國現在的經濟體制已改為資本主義，但名義上還是自稱社會主義國家。）

要是拿假的一萬日圓紙鈔到日本的銀行跟行員說：「這是偽鈔，可以換真鈔給我嗎？」應該會被當場逮捕吧。可見在日銀的主導下，日本紙幣的管理、使用、防偽都有一定水準。

順帶一提，中國銀行雖然冠有國家的名稱，卻和日銀不同，沒有印刷紙幣的資格。「可以印刷紙幣的銀行」叫做**中央銀行**。日本的中央銀行就是日銀、中國是中國人民銀行、美國是聯邦準備理事會（FRB）、歐盟是歐洲中央銀行（ECB）、英國是英格蘭銀行、韓國是韓國銀行……等等*。而發行紙幣的行為意味著「調整現金流動量與利率，藉此控制景氣」，之後我們會再詳細說明這點。

以上就是日銀的第一個功能「發行紙幣」。教科書上一般會稱其為「發鈔銀行」。

再來，日銀也是**「政府的銀行」**。日本政府的預算來自國民的納稅與發行國債（晚點會說明這點），這些政府預算由日銀保管、管理。簡單來說，一般銀行的客戶是個人，**日本銀行的業務對象則是政府**。

接著，日銀的第三個功能則是**「銀行的銀行」**。

日銀不接受個人存款，不過日本每一家銀行都有日銀的戶頭。各家銀行需從客戶存在銀

---

*台灣為中華民國中央銀行。

日本銀行的功能

1. 發行紙幣

2. 政府的銀行

3. 銀行的銀行

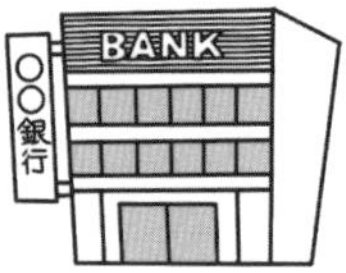

行內的錢中，拿出一定比例存在該銀行的日銀戶頭內，這就是我們在前一章最後談到的「存款準備率」。因為日本的每一家銀行都有日銀的戶頭，所以銀行間的貸款、匯款結算都很方便。

因為日銀是「銀行的銀行」，所以在某間銀行陷入經營危機時，**日銀可以貸款給這家銀行，幫助其脫離困境**。

如同在前一章中的說明，銀行會將存戶存在銀行內的錢貸給企業，而且還可以藉由貨幣擴張，貸出數倍於存款額的錢。要是剛好有許多存戶同時和一家銀行提款，會發生什麼事呢？因為銀行早已將存款貸給其他人，所以不可能馬上把存款還給存戶。但要是讓存戶覺得

「存在銀行裡的錢領不回來」，這間銀行就會失去信用，造成存戶恐慌、爭相擠兌，使銀行出現倒閉危機。或者，如果銀行貸給企業許多錢，卻沒辦法順利收回，也會面臨經營危機。

此時，日銀會貸款給銀行，防止銀行崩潰。所以日銀又被稱做**「最後貸款人」**。

考慮到日銀的這三種功能，我認為日銀之於國家，就像是**校長之於學校**。

日本銀行雖然也叫做「銀行」，但和普通銀行很不一樣，一般人並不曉得他們到底在做什麼。但事實上，日銀就像領導者一樣統帥著所有銀行，有時還得幫助陷入經營困難的銀行，以維持健全的經濟體系，所以日本銀行可以說是一個相當特別的機關。另一方面，校長雖然也是「老師」，但他和一般的老師不同，一般學生並不曉得校長的工作是什麼。但事實上，校長就像學校的領導者一樣，統帥著所有老師，有時還得幫助陷入教學困難的老師，以維持健全的學校營運，所以校長可以說是相當特別的老師。

日銀是「最後貸款人」，不過有些人認為：「銀行也是一種企業不是嗎？經營不好應該是銀行自己的責任才對，為什麼要幫助這些銀行呢？讓他們自生自滅不就好了。」

但銀行的世界沒有那麼簡單。

學校也是一樣。假設佐久良中學的一個班級——三年B班正面臨崩潰危機。而三年B班的導師正是我佐久良剛，人稱「負面教師界的金八老師」。因為導師實在太沒用了，所以學生們都在嬉笑打鬧，荒廢學業。這樣看來，這個班崩潰也只是時間上的問題。如果這時候，佐久良中學的校長說出「什麼?面臨崩潰!這是導師自己的責任吧!根本是自作自受，跟我才沒關係」之類的話，棄B班於不顧，學校會變得如何呢?

這時候的三年B班，就像**腐爛的橘子**一樣。

如果一箱橘子內有一顆腐爛的橘子，不用多久，腐爛情況就會擴散到整箱橘子，使所有橘子一起腐爛。同樣的，如果一班內有一個不良少年，又沒有人管，不良風氣很快就會擴散至整班;如果一個學校內有一個不良班級，又沒有人管好這個班，不良風氣很快就會擴散至所有班級，整個佐久良中學就會變成一個不良學校。

因為在同一個學校內，班級間的連結相當緊密，當B班學生開始嬉鬧，隔壁的A、C兩班也沒辦法上課，而是跟著B班一起嬉鬧。所以說，要是有老師管不了班級，校長最好要立刻出手控制好秩序，防止整個學校崩潰。

銀行間的關係與不同班級間的關係也有些相似的一面。因為**銀行彼此間常有金錢上的借貸關係**。在向「最後貸款人」借錢之前，銀行會先向其他銀行借錢。不過，如果銀行A貸款給銀行B，銀行B卻倒閉了，銀行A就沒辦法收回資金，使銀行A也面臨倒閉。這時候，貸款給銀行A的銀行C也會變得很危險。二〇〇八年發生的雷曼兄弟事件，就造成了許多國外金融機構連續倒閉。

把錢存在銀行的人很多，如果銀行倒閉，會對國民生活造成很大的影響。日銀為了防止銀行倒閉，會特別貸款給這些金融機關，藉此維持國民正常生活。日銀也不是任何時候都只能當最後貸款人，而是會視情況不同，適當貸款給各個機構。

有時候是發行紙幣的銀行、有時候是政府的銀行、有時候是銀行的銀行，這就是銀行的領導者——日本銀行。

10 股票與公司債

把「股票」想成是「彩券」。

距今五百年前的大航海時代，歐洲的冒險家與商人們都抱著發大財的夢想，前往未知海域探險。

古老的書籍中記載，**遙遠的東方有一個島國「Zipangu」**，島上建有許多黃金宮殿。傳說在 Zipangu 南方的島嶼盛產各種辛香料，在**「一粒胡椒等於一粒黃金」**的年代，辛香料是相當貴重的商品。

然而，當時的造船技術與航海技術都不成熟，許多人為了金銀財寶而出海冒險，船隻卻遭風浪擊沉，成為海藻的養分。許多書籍和電影中也有提到，當時前往未知海域時，會遇到激烈的洋流、食人鯊、**照到月光時會變身成骷髏的海賊、能用歌聲操控人心的人魚**等恐怖怪物。這時候，伽利略的地動說尚未被認同，所以很多人認為，若往海的一方一直前進，便會**抵達地球盡頭的瀑布**，然後**順著瀑布掉到地獄**。那時候的遠洋航海，可說是賭上生命的旅程。

以上內容有些是事實，有些是謊言（事實和謊言的比例大概是一比九）。簡單來說，大航海時代的貿易是**高風險、高報酬**的生意。

當時，可用來保存肉類的辛香料相當昂貴，只要能去亞洲一趟，載回一大堆辛香料、金、銀、絲綢等昂貴商品，就能賺進龐大財富。

若有商人想做這筆生意，需要出資買下一艘船，雇用船長與船員，購買大量糧食與燃料，光是出航的準備就要花費大筆金錢。而且就算花了那麼多錢，順利出航，也可能會遇上暴風雨或海盜，使船上的商品化為烏有，讓出資者蒙受大筆損失。

於是，商人們為了分散風險，建立了**股份有限公司**的制度。

世界上第一個股分有限公司，是十七世紀在荷蘭成立的「東印度公司」。東印度公司正是為了和亞洲貿易而成立的公司。這間公司做的生意常伴隨著巨大風險，為了分散這些風險，他們想出了**「由多人出資分散風險」**的方法。

我們可以將股份有限公司想成是**「多人合資買彩券」**。若一次買一萬張彩券，中大獎的機會也比較大。可是若一個人買一萬張會花很多錢，要是沒中獎，會是一筆不小的損失。所以我可以和朋友甲、乙、丙等共二十人集資，買下一萬張彩券。對完獎後，計算這些彩券中了多少錢，再依出資比例分配給所有人。譬如說，如果一開始乙出的錢是其他人的三倍，那麼分到的獎金也會是其他人的三倍。

回到貿易船的例子。由於一名貴族或一名商人難以單獨承擔成立商隊的風險，所以出現了由多人「共同出資」的制度。雖然若是船回不來會損失一筆錢，但要是順利載回堆積成山的胡椒，就能賺進大筆利益，即使分給所有出資者，每個人的獲利仍相當可觀。畢竟那可是個**一粒胡椒等於一粒黃金**的時代。

說到這個，我在吃飯的時候，為了讓**效用最大化**，會採用獨創的「古人飲食法」。以吃拉麵為例。執筆期間，晚上一個人在拉麵店面對拉麵&白飯，讓人覺得有些寂寞。這時候，如果**想像自己是大航海時代的人們**，看到食材時就會不知不覺亢奮起來。拿起店家的大罐胡椒，大把大把地把胡椒灑在拉麵上，想像**「現在的我正在把一顆顆黃金灑在我的拉麵上耶，有夠豪邁啦！這種稀有的東西只有遙遠的東方——那個充滿死亡與飢餓的夢幻土地才有生產。朕現在卻能毫不吝嗇地把它加到朕的拉麵裡」**之類的畫面，一個人在下北澤的拉麵店內，**過過大英帝國王族的癮**。

總之，先把話題拉回胡椒。大航海時代時，一開始只有商人們共同出資，成立高風險的貿易船隊。後來，除了商人以外，東印度公司也從一般人身上募集資金。這就是股份有限公司的起點。

和朋友合購彩券時，頂多是用筆記本隨便記一下出資紀錄而已，可以動手腳的地方很多。假如我是管理者，可以偷偷在開獎的瞬間一個人躲起來對獎，要是中了大獎，就**馬上帶著這張彩券遠走高飛**。只要燒掉出資紀錄，就沒人能證明其他人有出錢，法律上就沒有義務把錢分給大家了。若要做得高明一點，則可以在確定中大獎的時候馬上委託業者**製作假報紙和假網頁**，再請朋友們一起來**看這個假網頁**，一起**確認假的中獎號碼**。在大家感嘆「唉，全都沒中⋯⋯」之後，再自己一個人偷偷跑去換錢。

為了防止這類惡行，股份有限公司會發行證明書給出資者，證明「您確實有投資本公司」。若用彩券來說明，就像是製作「您支付了〇日圓，做為購買第〇期彩券的共同資金」的證明書，交給每一位出資購買彩券的人。這種出資的證明書，就是**股票**。

另外，各公司必須發表**財務報告**，說明「這段期間內，公司的業績狀況」。這就像是購買彩券後，需「確認中獎號碼」一樣。公司的財務報告必須公布給所有出資者知道，而且**要是在報告中做假，就會因為「財報窗飾」而被依法逮捕**。也就是說，股票就是一種類似共同購買彩券的行為，但又比購買彩券還要嚴格許多。

成立新公司，或者是既有公司開創新事業時，需要非常多資金。為了籌措這些資金，必須到處問人「有人可以出資嗎」「有人要買股票嗎」「若公司賺錢，每年都會發股利」宣傳自己的公司。

當您出資給一家公司，擁有公司股票時，您就成為了這家公司的**股東**。要是公司事業發展順利，股東就可以依照所擁有的股票數獲得股利（或是公司商品、折價券等股東優待）。

不過，公司籌資的方法並不是只有發行股票一種。除了發行股票，公司還能「向銀行借錢」，或是**「發行公司債」**。

所謂的「公司債」，**就像是存在該公司的定期存款**。公司會向群眾宣傳：「接下來我們要推行新事業，請大家借我錢吧！若是借我錢，〇年後我就會加△％的利息還給大家！」並發給出資者一張證明書，這就是公司債。

股票和公司債都是向一般人募資，兩者的差別在於**風險＆報酬大小**。

公司債是出資者「貸款給公司」，借款的公司必須如約定所載，在〇年後，加上△％的利息連同本金還給出資者。就算公司的業績不怎麼好，只要公司沒有倒閉，出資者都可以拿回貸給公司的錢，讓人比較放心一些（就算公司倒閉，通常也可以拿回「部分金額」）。

另一方面，股票則是「買來的東西」，和貸款給別人不一樣。也就是說，購買股票並不保證可以回本。要是公司業績持續成長，便會發放不少股利；但要是公司委靡不振，便有可能連續好幾年不發股利。

另外，股票還有個很大的特徵，那就是**股票本身的交易頻率很高**。公司並不會一直發行新股票。股票市場中，一間公司的股票數量是固定的。於是「聽說要是擁有這張股票，就能拿到很多股利，所以就算貴了一些也要買下來」的人就會透過證券公司，發出「我想要買這家公司股票」的委託。相對的，認為「這家公司的股票好像沒什麼賺頭」或是「比起股票，現在更應該持有現金」的股東，就會委託證券公司賣股票。於是，股票市場也和其他商品一樣，由**「上帝那隻看不見的手」**決定股票的價格。也就是由供給與需求的平衡來決定股價的上漲或下跌。

話說回來，沒想到現在的神連股票市場都要出手干預。所謂的「伸出手」，其實就是「出手干預」。這麼看來，原來神也想把手伸進投資的世界，真不愧是神，**興趣廣泛**。不過不只是股票，這個世界上的所有商品，包括毒品、某些店面裡穿過的內褲等等，神都會伸出手來調整它們的價格。**讓人覺得神明也未免太沒有節操了，什麼都想出手干預。**最近的神似乎連地下經濟的價格也想干預……。

總而言之，公司債只會還給出資人固定金額，報酬比較低；相較之下，股票的風險就高多了，股利和股票本身的買賣，可能會為出資人帶來豐厚的報酬。風險和報酬的大小，就是股票和公司債的主要差異。

不過就現實而言，因為「想要獲得這家公司發的股利」，所以買這家公司股票的人應該不多了，這好像有點奇怪對吧？現在的股票，似乎**已經不是那麼簡單的東西了**。下一章中，我將用自己的方式來回答這個問題。

11 鼓勵投資

「這時代每個人都需要投資！」
現在到處都可以看到這種不負責任的口號。

我在學習經濟的時候讀了很多書，但一直有件事讓我覺得有些奇怪。

那就是，不管是經濟學的入門書、和賺錢有關的書、以賺錢為主題的部落格，許多……不、應該說所有媒體的作者都**鼓勵讀者投資**。譬如說：在這個超低利率的時代，會把錢存在銀行的人根本是笨蛋，美國甚至從小學就開始教股票投資。你們應該要積極投資才對啊！去買股票、外幣、基金！咦？你還沒買虛擬貨幣！**你真的是個笨蛋吧！**

差不多就是這種口氣。我在社群網站上的朋友群中，那些**「不知道是什麼職業，但會一直舉辦各種活動和商業研討會，在社群網站上相當醒目」**的人，都有在操作**虛擬貨幣**。而他們在研討會之後，還會將一大堆照片一口氣上傳到社群網站上，但照片中盡是些光鮮亮麗卻看起來頭腦簡單的人。我把這些照片稱做「光鮮亮麗的笨蛋們」（失禮）。

就算不提虛擬貨幣或期貨，許多正經出版社出版的正經書籍也會打著「現在是投資的時代」的口號，催促廣大讀者們去買股票或基金。

但我實在不能接受。後來我讀了許多書，但我越是瞭解投資世界的真相，就越覺得哪裡怪怪的。那麼多人齊聲呼籲「快去投資」，是不是有什麼內情呢？

在說明為什麼我會有這種感覺之前，先來介紹什麼是「投資」。

「投資」是指**預期未來某個商品的價值會上升，所以先買下它待其增值的行為**。股票和不動產也是如此。廣義來看，人們也會用投資來形容購買衣服、玩具等商品。只要覺得買這些東西「似乎可以提升自己在未來的價值」，就可以說是「對自己的投資」。

然而，投資通常是以年為單位的長期行為。如果是猜測商品在短期內的價值變動，藉由頻繁交易獲利，一般稱做投機。就股票來說，如果預期某家公司在未來有很大的成長空間，進而購買這家公司的股票，這叫做投資。如果預期「今天這支股票和那支股票似乎會漲」而在這天，或數天、數週的期間內，頻繁買賣各家公司的股票，這叫做投機。與其說投機是在預測公司的未來，不如說是在預測「其他買家（賣家）會怎麼做」，也就是和梭哈或麻將那樣，具有一定遊戲性、賭博性的行為。

我個人認為，在書上或部落格上推薦讀者投資的人們，多是**以投資為幌子，慫恿讀者們去玩投機遊戲**。

虛擬貨幣就是典型的例子。以比特幣為首的虛擬貨幣是「由資料構成的金錢」，原本是為了方便國際匯款（用於不同國家間的交易）而創造出來的貨幣。如果是用日圓或美元來付款，會花費大量時間、手續、手續費。但如果改用由資料構成的金錢，就能在瞬間完成匯款。

但若真要說，現在幾乎不會有人**「為了方便匯款」而購買比特幣**。現在買進（賣出）比特幣的人們，幾乎都「想藉由價格變動獲得利益，故會在短期間內買賣比特幣」。也就是說，他們都是以投機為目的買賣比特幣。

這些人一定會用「投資」一詞來推銷虛擬貨幣，說出「大家也來投資虛擬貨幣吧」之類的話。但如果繼續聽下去，會發現他們說的淨是「現在最賺錢的是這種幣」「在這個走勢之後，價格一定會這樣變動」之類，充滿投機的策略。

現實中的貨幣也一樣。「FX」（外匯）這個字常出現在和投資有關的文章中。外匯的交易和虛擬貨幣類似，不過交易的對象是外幣（美元、歐元等）。投資者會預測某種貨幣在未來的價值，並頻繁操作短期買賣。或許有些人會因為「我幫助過遇難的埃爾圖魯爾號戰艦*，我們日本和土耳其之間的關係就像家人一樣緊密。不管發生什麼事，我都會支持土耳其」而持續購買土耳其里拉，但基本上，外匯仍以短期買賣的投機交易為主。而且投資外匯的槓桿常會拉得很大，所以有時候會在新聞上看到「因為外匯投資的損失過大，不得不從公司挪用七億日圓來填補虧損」之類的人。與其說外匯是賭博性很高的投資，不如說外匯就是賭博。

那麼，投資股票又如何呢？既然都叫做「投資股票」了，那應該是投資沒錯了吧？

我們在前一章中曾提到，所謂的買股票——也就是成為股東，指的是提供資金給這間公司。如果預期這間公司長期下股價會上漲，或者是會配發很多股利，進而購買這間公司的股票，那麼這毫無疑問就是投資。

但現在，除了該公司的相關人員，不太會有人是因為想要「提供資金給這間公司」而購買股票。

請試著回想一下周圍「玩股票的人」是什麼樣子。就算是只有在社群網站上看過的人也沒關係。這些「玩股票的人」中，應該沒多少人是因為看好一間公司而「持有這間公司的股票好幾年」。玩股票的人們每天侃侃而談的幾乎都是「今天賺了多少」「損失多少」「買了哪支股票」「哪支股票暴跌」「日經平均股價」之類的膚淺話題。

基本上，要是有人默默持有一家公司的股票好幾年，**通常不會把這個人視為「玩股票的人」**。抱著長期持有的覺悟而持有股票的人們，**幾乎不會顯露出他們有在玩股票的氣息，他們就和沒有在玩股票的人一樣，靜靜過著自己的生活。**

因為周圍那些「在玩股票的人」會常常談論股票的話題，寫一堆股票的文章，所以才會知道他們是「在玩股票的人」。若是如此，我們所知道的「在玩股票的人」，其實都只是些會短期買賣的人們。他們並不是預測「公司的未來性」，而是「其他買家（賣家）會怎麼做」。所以毫無疑問的，這和虛擬貨幣與外匯一樣是投機行為。

這些鼓勵投資的書中，有些作者會再加上「要思考公司的長期狀況，不能只靠投機來選股」的警告。但實際上，**人類的意志力很弱，根本不可能做到這點**。一旦買了一支股票，這個人就會一直處於心神不寧的狀態，時常關心那支股票的價格變動。不管是在工作、吃飯、旅行的時候，都在想「什麼時候賣比較好呢？」**這種情況下，人不可能冷靜得下來**。就算是經過六年修行後頓悟、正要前往鹿野苑初轉法輪（首次宣說佛法）的釋迦牟尼也一樣。要是

---

*註：一八九〇年九月十六日半夜，鄂圖曼帝國（現今土耳其）的軍艦埃爾圖魯爾號戰艦，在日本和歌山縣串本紀伊大島的樫野埼東方海上觸礁沉沒，是超過五百人遇難的事件。

釋迦牟尼有證券戶頭或智慧型手機，就會大喊：「等一下！**我現在還不能過去說法！**現在蘇嘉塔（供養乳糜，中斷佛陀苦行的牧羊女）的股價動盪很厲害。前陣子的股價明明還比我的買入價高六萬日圓，現在卻崩到只賺三千兩百日圓。為什麼在賺六萬日圓的時候沒有賣掉？在賠錢之前賣掉會不會比較好呢？可是股價曾經漲到可以賺六萬日圓耶，要是現在賣掉感覺損失超大的。但要是股價再跌下去，就會賠錢了……是不是趁還有賺的時候趕快脫手才好？**你很吵耶，不是跟你說等一下再去說法嗎？說法要說那麼久，要是股價跌到比我的買入價還低要怎麼辦！你要負責嗎！你要賠我錢嗎，迦旃延！」就連不久前才頓悟的釋迦牟尼，都可能會被股價的上上下下弄得心神不寧。**

持有股票、外幣、虛擬貨幣時，就像是持有賽馬券，賽馬卻一直在跑道上奔跑沒有停下來。連續二十四小時（或者說在市場交易時間內）的互相追逐，比賽卻一直沒有結果。這樣一來，那些小股東們當然也不可能平靜下來。**基本上，只有那些完全不需要讀「經濟學入門」「教你如何賺錢」的有錢人，才不會被市場波動影響。**

也就是說，買股票和投資虛擬貨幣、外匯並不會差多少。即使一開始人們想要「投資」股票，最後還是有九成九的人用玩梭哈或麻將的賭徒心態在玩股票。

並不是說梭哈或麻將有什麼不好，把它當成一種娛樂也未嘗不可。但在思考該如何使用龐大資產時，**如果有人對你說：**「各位，資產的運用很重要！為了讓各位的資產能確實增加，**請您和我們一起來賭場玩梭哈吧！玩賭錢的麻將也可以喔！**」你會怎麼想呢？

有一點是可以確定的。那就是，新手參與投機交易時，**一定會輸**。即使有些人可能有初學者的好運，**最後還是會輸**。

為什麼呢？**因為對手太強了**。

在投機的世界中，不管是股票、外匯，還是虛擬貨幣，都是零和遊戲，**「有人賺錢就有人賠錢」**。如果你賺了一萬日圓，就表示有某個人賠了一萬日圓。換言之，投機交易就是**同一市場內的人們彼此戰鬥**。

而站在投機世界的最前線，一直在獲利的人，就是那些世界極少數的天才們。他們大部分都是**避險基金**的投資、投機專家。這些理科菁英們在哈佛大學、史丹佛大學等地方學習和投資有關的學問「金融工程」，畢業後進入華爾街的金融機構，累積實際投資經驗。之後他們獨立創業，向各大資產家、企業家募集幾百幾千億，甚至幾兆的金額，再用全世界性能最好的電腦，二十四小時內持續不斷交易，這就是避險基金。「亞洲金融風暴」之際，**避險基金向泰國政府與馬來西亞政府發起挑戰，並獲得勝利**。

所謂的投機，就是要和這些避險基金對手交戰。面對能打倒一國政府的哈佛大學金融工程專家，你覺得**只讀過「教你如何賺錢」這類書，就想要參與投機交易的一般人**會有勝算嗎？

這已經不只是投機，而是**格鬥**了。

這些人就像是看到一本書上寫著「未來是格鬥的時代，為了累積財富，大家一起上擂台戰鬥，賺取獎金」，就覺得「聽起來蠻有道理的，那我也把格鬥當成副業」的格鬥初學者。當用這種隨便的心態站上擂台，卻發現**對手是鮑伯・薩普（Bob Sapp）或麥克・泰森（Michael Gerard）**。而在周圍擂台戰鬥中的選手們，也都是史坦・漢森（John Stanley Hansen）、瑞克森・格雷西（Rickson Gracie）這種**拿過重量級冠軍的好手**。

用隨便的心態想著要「靠股票與外匯賺錢」，就和**用隨便的心態想著「我要贏過麥克・泰森，拿到獎金」一樣**，成功機率幾乎等於零。就算用認真的心態參加比賽，機率也是零。既然如此，為什麼這些只看過「教你如何賺錢」這類書與某些投資部落格的初學者，會覺得自己贏得過那些操作著世界最強電腦的金融工程天才，或者是手上握有內線消息、幾乎走在法律邊緣、由東大畢業的投資家成立的基金呢？

這些人中，甚至有些是快要退休的人們，他們投資股票和外匯的目的是想多賺一點退休金。當然，學習不分年齡，但如果在退休後才參與投機的世界，**就像是身體和頭腦都已經退化到不太靈光，卻想參加拳擊比賽並打倒麥克・泰森的人一樣。運氣好的話只是重傷，運氣**

差的話甚至會死掉。這只會讓你辛辛苦苦工作四十年存下來的錢，進到某個資本家的口袋，被他拿去買保時捷或遊艇而已。**難道你是為了買保時捷或遊艇給一位不曾謀面的資本家，而辛苦工作四十年的嗎？**

「投信基金」（以下簡稱基金）是一種和股票很像的商品。基金是「由許多股票組合而成的商品」，並由專業人士操盤。一般認為基金的風險比股票低，但二〇一八年的資料顯示，購買基金的人中，**有五十四％的人獲利，四十六％的人虧損**。也就是說，雖然基金的風險比較低，但就算你開了一個戶頭，讀過冗長的說明書並勾選同意事項，完成這些複雜的手續後終於購入基金，**結果卻和丁半博打**（一種賭骰子遊戲，賭兩顆骰子點數合計是奇數還是偶數）**的結果差不多**。

一般人以為股票、基金是投資，但如果讓初學者來玩，仍會變成投機而蒙受損失。所以這些投資工具也不是能推薦給一般人的選項。那麼為什麼「經濟學入門」「教你如何賺錢」等這類教你賺錢的部落格作者們，都建議讀者要投資呢？我有時會想，**他們的目的該不會是要讓更多比自己還弱的人進入市場吧**。

就算是這些書籍的作者，當他們站上投機市場的擂台，大概也不可能打得贏投機界的鮑伯・薩普或麥克・泰森。不過，**如果面對的是第一次踏上擂台的超級初學者，就能夠輕鬆獲

勝，所以他們才會盡可能吸引許多獵物踏上擂台。**一般人參加聯誼時，也會邀長得比自己醜的人參加。**「鼓勵投資」或許就隱含著這樣的心理。特別是虛擬貨幣的研討會，我認為主辦者或多或少……應該是都是以此為目的而舉辦研討會。要是主辦者真的想要藉由虛擬貨幣來賺錢，為什麼還要教大家怎麼用虛擬貨幣賺錢呢？要是研討會上的人們都賺錢，**主辦者賺的錢應該會變少才對**。不如說，就是因為虛擬貨幣賺不到錢，才要藉由舉辦研討會來賺錢。

要是我說錯了就不好意思啦。

我以前也曾經有開過一個證券戶，在我學習經濟的第一年，也曾試著買賣股票和外匯。這個擂台上的**殺氣非常重**。虧損時理所當然地會不高興，即使賺錢，也不像其他工作那樣能獲得「成長的喜悅」「客戶的感謝」，也沒辦法從剛完成的產品、作品中獲得成就感。自己獲利，就表示有人因為虧損而不幸。這種賺錢方式實在有些悲哀。

所以我不怎麼推薦閱讀這本書的人去投資股票、基金、外匯、虛擬貨幣。雖然這很不像是經濟書籍的作者該講的話，可能還會有不少人認為這種想法過時了。

12 景氣與GDP

從地下偶像與JK經濟學習GDP

※好孩子別學喔！

「景氣好」或「景氣不好」的景氣是什麼意思呢？

查了再多資料，也很難定義所謂的景氣是什麼意思。不過，與其說不好定義，不如說在看過各個參考文獻後，會發現**日本的「景氣」並沒有正確的定義，這才是景氣的正確定義**。

這樣是不是有些矛盾呢？如果說「景氣的正確定義是沒有正確定義」，「沒有正確定義」就是景氣的正確定義了。總之，**「其實景氣是有正確定義的，但我們不曉得正確定義是什麼」，這就是景氣的定義**。

雖然有一些矛盾之處，但景氣的定義確實「並不固定」。原因有以下兩個：

1.每個文獻寫的定義都不一樣。
2.有些書籍上直接寫明「沒有正確的定義」。

不過有些書中，作者會寫下「某某情況下，我們可以說『景氣很好』」之類的**推薦定義**。若統計每一本書的說法，會發現**「許多人認為『景氣真好』的時候，就是景氣很好」**——這是最常看到的定義。

當然，「和景氣有關的指標」非常多，譬如甄選率（平均一位求職者對應多少份職缺）、消費者物價指數、新車銷售數、企業倒閉數、股價、全國企業短期經濟觀測調查（又叫做日銀短觀）……等等，有一大堆數字可以作為參考，卻沒有一個公認的標準說「這個數字越好，就代表景氣越好」。不過可以想像得到，當新車賣得不好、許多公司倒閉、物價下跌，應該不會有人說出「景氣真好啊」之類的話。景氣指標很重要，但指標本身並不代表景氣。歸根究柢，所謂的景氣，指的仍是**所有人不知不覺中，隱約感覺到的氣氛**。若是周圍的人露出一副會在不知不覺中慵懶說出「我覺得最近景氣很好喔」，還一邊左右搖擺，就表示「現在的景氣應該還不錯！」

雖說如此，經濟指標中還是有一個項目「在說明景氣的時候一定會提到」，那就是**經濟成長率**。

所謂的經濟成長率，指的是**和前一年相比，GDP成長了多少%的指標**。舉例來說，如果GDP從一〇〇兆日圓增加到一〇二兆日圓，經濟成長率就是二%。

經濟成長率是正是負，會直接影響到人們對景氣的看法。譬如有時會聽到「現在經濟是正成長（成長率為正），所以景氣很好」的話。雖然景氣是感覺的問題，但那些學者們——譬如宮崎哲彌先生或荻原博子女士*——他們總不可能在電視節目中談論景氣時，說出「現在日本的景氣正逐漸往上，因為**我就是這麼覺得**。如果目前狀況持續下去，**未來的景氣也會很好喔**」的話。要是用這種不正經的風格評論景氣，下週的節目中，學者的位子就會改由**森永卓郎先生和勝間和代女士***來負責。

所以說，在需要說服聽者的時候，通常會用經濟成長率做為判斷景氣的指標，「經濟成長率為正就是景氣好，負就是景氣差」。

這麼看來，GDP就是一大重點。要是不曉得什麼是GDP，就不知道什麼是GDP成長率。

GDP是國內生產總值（Gross Domestic Product）的簡稱。日本的GDP就是指**一定期**

*註：皆為日本經濟評論家／學者。

間內，日本國內生產出來之附加價值總和。

又出現難懂的字了，「附加價值」。

附加價值是指：**某個商品（或是服務）之原料價格與販售價格的差異**。

假設某間店的漢堡一個賣三〇〇日圓。一個漢堡的價格包括了麵包、絞肉、蛋、萵苣、酸黃瓜、調味料、包裝紙等各種原料與材料的成本。假設這些原材料的成本一共是一二〇日圓，那麼附加價值就是「成本與漢堡價格的差額——一八〇日圓」。原材料費成本占四〇%、附加價值占六〇%，漢堡的成本比例差不多就是這樣。

GDP就是**將一定期間內的附加價值全部加起來後，得到的合計金額**。GDP增加時，經濟成長率就會是正數。因此，日本經濟要成長，關鍵就在於**如何有效率地、大量產生附加價值**。

附加價值的細項中，有一大部分是人事費，也就是勞工的薪水。不過，隨著生產該商品（服務）需要的技術，及稀有程度的不同，附加價值占商品價格的比例也會有很大的不同。

以下用一個例子來說明附加價值的多樣性。同樣是一杯咖啡，便利商店的咖啡和高級旅館休息室的咖啡，價格完全不同。除了原材料費的差異，兩者的附加價值也有很大的差異……**讓我們換個例子**。很多書都會用咖啡和休息室做為例子，也常拿各種食物、飲料來說明

附加價值。難得有這個機會，不如讓我們試著用另一個領域的事物來舉例吧。譬如說，**偶像經濟活動的附加價值**怎麼樣呢？

因為我是一個硬派作家，所以實在不太瞭解這方面的知識，不過我還是會試著努力說明。特別是還沒很紅的**地下偶像**，在演唱會之後一定會有**物販時間**。而地下偶像的物販活動中，主要商品並不是CD或寫真集，而是**拍立得券**。

拍立得是一種可以讓剛拍下來的照片馬上顯影的相機。御宅……我是說客人們只要購買「拍立得券」，**就可以和喜歡的偶像合照**。

不過這個拍立得機制還隱含著一層意義。對粉絲來說，重要的並不是照片本身，而是**等待照片顯影的這段時間內，可以和偶像聊天**。

或許你會想：「天啊，這也太蠢了吧！笨蛋才會為了這種事花錢」。不過，**在把我們當成笨蛋以前，請自己嘗試一次看看。「剛才還在舞台上跳舞的偶像就出現在眼前，看著自己的眼睛和自己說話」這種夢幻般的景象，簡直可以說是合法的興奮劑，而且是不傷身的合法毒品。**不過，也有人因為這樣的狀況過於夢幻，身心都還不習慣，過度興奮、過度緊張而說不出話來，只能發出「哇——」「啊——」之類的呻吟。不久後，**頑固的工作人員**就會抓住你的肩膀跟你說「時間到了」，然後把你推走。結果你到最後都沒能和偶像說上話。像這樣**在比你小二十歲的少女面前講不出話來，足足消沉了三天，然後開始討厭起會因為這種事而消沉三天的自己**，這種對心理健康的損害，或許就是拍立得券隱含的缺點。**有些粉絲會為了參加偶像的演唱會而打很多工，卻因此而過勞死**（這是真的），可見當粉絲也是有搞壞身體的風險呢。

話說，**我們說到哪裡了呢？**

是在說偶像對吧？啊不對，**是在講附加價值啦！**這一大段都是在說明「偶像物販所產生的附加價值」。

來看看拍立得券的價格吧。一張拍立得券差不多是一〇〇〇日圓。

不過說到拍立得的原材料費，頂多也就是底片而已，一張大概一〇〇日圓。這表示拍立得券**「能和偶像合照與聊天」的附加價值高達九〇〇日圓**。也就是說，**產品價格中，有九成是附加價值**。

由此可以看出，「照著食譜將麵包疊成漢堡」這項簡單的工作不會增加多少附加價值。不過，**「只有這個人才做得到」的技術、稀有性、特殊性等等，卻能大幅提高商品附加價值**。或許你會覺得「只是拍張照、講點話而已，每個人都做得到」。但事實上，偶像確實要擁有特殊魅力、技術、努力，才有辦法讓粉絲覺得「願意花一〇〇〇日圓，只為了和這個人說上三十秒的話」，這可不是照本宣科就能做得到的事。

再來介紹另一種商品吧。秋葉原及池袋附近出現了這種嶄新的服務：**六〇〇〇日圓可以和ＪＫ**[*1]**一起散步一小時；如果要牽手，每十分鐘要再加一〇〇〇日圓**。ＪＫ是指什麼呢？**大概是 John King**[*2]**的簡稱吧？**

總之，這種服務的**原材料費幾乎為0**，也就是說，**產品價格幾乎全由附加價值構成**，可以說是生產效率相當高的產品。

---

*註１：此處ＪＫ指的是女高中生。
*註２：美國有線電視新聞網（ＣＮＮ）駐華盛頓的記者。

將這些附加價值全部加總起來，就是國內生產總值，也就是ＧＤＰ。換句話說，所謂「日本的ＧＤＰ」，就是指**一段期間內，日本人賺得的金錢總額**。附加價值中的大部分會變成某個人的所得，因此ＧＤＰ與表示ＧＤＰ變化的經濟成長率，就成為了判斷景氣是好是壞時的重要依據。

另外，若是想要提高ＧＤＰ或ＧＤＰ成長率，也得注意**潛在ＧＤＰ、潛在成長率**等數字。潛在ＧＤＰ／潛在成長率指的是：**若將現有設備與人員的產能增至最大，可以生產多少商品／可以讓ＧＤＰ成長多少**。換言之，就是「若全力生產，可以生產出多少商品」的意思。只有在提供（賣出）商品或服務時，才會產生附加價值。所以就算想要商品的顧客很多，要是生產的速度趕不上，附加價值就不會增加。因此，為了讓經濟成長，政府必須想辦法提高「供給的能力」，也就是盡可能提高潛在ＧＤＰ的數值。

若想提高潛在ＧＤＰ，就得想辦法增加設備或勞動力。但日本人口正在逐漸減少中，為了增加社會上的勞動力，政府開始鼓勵「沒在工作的人」——譬如家庭主婦或高齡者，重新回到勞動市場。

當然，因為每一位家庭主婦每天都有在家中工作，稱呼她們為「沒在工作的人」相當失禮。可是，依照ＧＤＰ的定義，只有在發生支付行為時，才能算進ＧＤＰ內。即使政府想要鼓勵女性就業，並延後退休時間，以達成一億總活躍社會*，要改變這個社會還是沒那麼容易。不過，**只要妻子把家事、育兒費用列表，再以此向先生請款，GDP就會增加了喔**。但要是這樣，這些收入就必須課稅，最後**只會讓整個家計單位的收入減少**。

當然，除了增加勞動人口，提高勞工的工作效率、附加價值也是一大重點。要是每一位勞工都可以像偶像或JK一樣，創造出高比例的附加價值，GDP就能夠有飛躍性的成長。

不過，就算我們這種大叔級的勞工可以和JK一樣，推出**「和大叔散步」**或**「和大叔牽手」**之類的服務，應該也不會有人想要吧。甚至可能會出現相反的狀況：**我們這些提供服務的大叔反而要付錢給願意和大叔散步的人**。不過，**如果是由我們付錢，對GDP也能有一定貢獻**。既然這樣也能產生附加價值，那麼「和大叔散步」似乎也是個不錯的生意。

說不定所謂「和JK散步」的服務，**其實就是和大叔散步喔**。反正不管怎樣，都可以貢獻GDP。

下一章中我們將繼續討論GDP。

*註：因日本人口約一億，故稱一億總活躍。

13 GDP的內幕

我個人相當怨恨中國喔。好恨啊——中國快把錢還來！

GDP是判斷景氣是好是壞的重要指標，不過關於GDP還有一些事項需要補充。在我最初寫的幾本入門書中，原本應該要補齊的說明，卻**常因頁數的關係而假裝沒這回事**（而這些部分就會被**吹毛求疵的人**一一挑出來，在評論欄內大肆批評）。但如果是真的很重要的事項，就一定會補充進去。

首先是名目GDP和實質GDP的差異。

前一章中我們提到GDP的定義是：「將一定期間內的附加價值全部加起來後，得到的合計金額」。這樣算出來的數字是所謂的名目GDP。除了名目GDP，「名目（經濟）成長率」「名目薪資」「名目利率」等詞中也都有「名目」兩字。而所謂的「名目」，就是指

表面上的數值。

另一方面，含有「實質」二字的「實質成長率」「實質薪資」「實質利率」「實質GDP」，則是指**扣除物價變動後計算得到的數值**。而這兩種指標中，實質指標又比名目指標還要重要。

讓我們再解釋得更詳細一點。所謂的名目○○，顧名思義，就是指「目前名目上的數值」。我們看到某個名目數值很大，大喊「太棒了，數值又增加了！」而高興不已時，仔細一看卻可能發現只是因為**該項目的基礎數值變大了**，名目數值才跟著變大。這種名目上的增加其實沒有什麼意義。

著名的「吉薩三大金字塔」，坐落於埃及沙漠地帶的吉薩台地。不管是在現場觀看，還是從照片上看，都可明顯看出三個金字塔中最高的一個，是位於正中間的卡夫拉金字塔。可以的話請試著在網路上找找看圖片。

但事實上，在建造卡夫拉金字塔時，**特別找了一塊比較高的地基，再將金字塔本體建在上面**。若減去地基的高度差，比較實質上的「金字塔高度」，最高的金字塔會是卡夫拉王的父親——胡夫的陵墓，**胡夫金字塔**。

這或許代表了卡夫拉王心中有著「不能超越偉大的父親——胡夫，但又想展現超越父親的一面」這樣的情結。也就是說，乍看之下，**名目高度最高的金字塔是卡拉夫金字塔，但在扣掉地基的高度之後，實質高度最高的是胡夫金字塔**。

這就是名目和實質的差異。也就是說，若要測量事物的本質，就要考慮基礎數值的變化。

咦？**還是不懂？**

你說還是沒什麼概念？例子裡一大堆沒聽過的名字，反而更難懂？

這樣啊，還真拿你沒辦法耶。那換成這個例子如何呢？假設有一位女性**去年的胸圍是八十公分，今年增加到九十公分，並高興得大喊「胸部變大了」**。

但說不定這位女性的腹部和臀部也都增加了十公分啊！要是這位女性不注重健康，全身上下的每個圍都膨脹了十公分，那麼即使**名目胸圍是九十公分，扣掉基礎數值後的實質胸圍也只有八十公分而已**。若只看名目上的數值，**（胸圍的）名目成長率為十一％，但實質成長率卻是〇％。只有胸圍增加就是實質巨乳，但如果連腰圍也一起增加，就只是名目巨乳**。

其實我開始想到的就是這個例子啦，**可是以目前的世道來看，這樣的例子好像不太好。感覺會在推特等社交軟體看到**「看到佐久良剛這個六流作家寫的書中，居然出現揶揄女性身體的例子，實在讓人大失所望」**「實在太噁心了」「這種侮辱女性的書居然可以光明正大地擺在書店內，讓我對這個封閉的父權社會感到憤怒」**的評論。**特別是旅居歐洲的日本女性作**

家，感覺她們很可能寫出這樣的評論。所以我才要認真想一個正經的例子，但你們卻說正經的例子很難懂……（淚）。

所以說呢，如果想要正確計算「成長率」，就得將「基礎的變化」一起算進去。而薪資或GDP的物價，就相當於前面例子中的金字塔地基和腰圍。如果物價比去年高了十%，那麼就算薪資或GDP同樣成長十%，也和沒有成長一樣。雖然名目薪資和名目GDP都增加了十%，但「實質薪資成長」和實質經濟成長率卻是零。

雖然實質的經濟成長才是真正的成長，但對一般人來說，**就算只有名目成長也會很爽**。在通貨膨脹的情況下，就算實質薪資沒有成長，**只要拿到的薪資多了一萬日圓，還是會很高興**。就算實質相同，看到數值變大還是會很高興。人類就是那麼單純。

順帶一提，狀況反過來時也一樣。就算整體物價下滑、實質薪資不變，只要名目薪資（薪水金額）下降一萬日圓，勞工就會出現不滿的聲音。

因為一般人有這樣的心理，所以就算物價下滑、通貨緊縮，要降低薪資也不是那麼容易的事。在這種情況下，公司會認為，「與其因為減少薪水而被員工抱怨，不如直接減少員工」，於是開始裁員或解僱員工。

說到GDP，日本十年前就將GDP世界第二的寶座讓給了中國，直到現在。而且實質

GDP也被追過了。

GDP是表示「該國賺了多少錢」的指標，所以現在GDP數值是日本兩倍的中國，已可說是個經濟領先日本許多的豐饒之國。不過有一點必須特別說明，那就是，**整個國家的財富，並不代表一個個國民的個人財富**。

舉例來說，**假設我們在日本附近又創造出了一個日本**。也就是在日本旁邊建立一個土地、人口、經濟力都和原本日本相同的國家。接著將兩個日本合併，得到「**日本二・〇**」。然後在旁邊再建立一個日本，和原本的兩個日本合併，得到「**日本三・〇**」。這麼一來，日本三・〇的GDP就會是目前日本的三倍，日本將再次打敗中國，重回GDP世界第二的寶座。

但是，這樣就代表國民的生活品質也變成三倍了嗎？GDP變成三倍後，我們的所得也會變成三倍嗎？……不會吧。這只是因為人口變成了三倍，所以附加價值也會變成三倍而已。

這樣看來，要瞭解一個國家「國民的生活品質」，重點並不是整個國家的GDP，而是國家GDP除以該國人口後得到的「**人均GDP**」。

如果GDP是全國人民賺的錢，那麼人均GDP就是**平均每個國民賺的錢**。由二〇一七年的資料顯示，中國的人均GDP為八千六百美元，日本則是三萬八千美元，還有四倍以上的差距。

那麼，如果用人均GDP來排名，日本又是世界第幾名呢？二〇一七年的資料中，日本的人均GDP是世界第二十五名。二〇〇〇年時，日本曾經是第二名，十七年後卻滑落到了第二十五名。這表示我們日本人的生產性——產生附加價值的效率正在逐漸降低。這可不是在開玩笑，若要讓生產力回復到十七年前的榮光，我們或許只能靠**偶像和JK**了。我們應該要認真地向JK（John King）學習，請教他們如何增加附加價值才對。

在談到「日本的GDP已經看不到中國的車尾燈」時，還有一個必須考慮的重點。

那就是**中國GDP的可信度**。

日本的GDP由內閣府統計。內閣府的網站上有一份**長達九十七頁的PDF資料**，說明如何計算GDP。基本上，這份資料相當複雜、難以理解，不過依其解說，大概可以看出內閣府是藉由家計單位調查與稅金申報等方法，從龐大資料中推測出GDP的合理數值。簡單來說，就是由內閣府統計家計單位與企業（包含政府）申報的數字，計算出日本的GDP。

我想中國應該也是用類似的方法來計算GDP，不過中國市場有一個不容忽視的特徵，那就是**地下經濟的存在**。

地下經濟的商品相當多，其中最具代表性的大概是**盜版商品及仿製品**。雖然這只是我的個人經驗，但在中國，特別是中國的鄉下地區，**正版的CD、DVD比盜版產品還難找**。繞了整個城鎮一圈，看到的幾乎都是盜版。**盜版多到讓我覺得日本政府不該把自衛隊派去索馬利亞抓海盜，而是要派來中國抓盜版才對***。

順帶一提，為什麼我會知道那是盜版呢？因為和都市內百貨公司賣的正版品相比，這些商品的價格明顯過於便宜，包裝質感也很差。以日本的電影及動畫DVD為例，盜版包裝上的**日文明顯在亂寫**。我現在手上就有一個在中國買的盜版日本動畫電影DVD（無法用日本的機器播放），包裝內側的注意事項寫著連身為日本人的我都看不懂的日文。如果這裡寫的是中文，對買家可能還比較有幫助吧。反正一看就知道是盜版了……。

其他像是化妝品、包包等名牌精品的仿製品也常可在中國看到。就連最新的智慧型手機、最新的好萊塢電影都能比原產國美國還要早上市。既然如此，**盜版在正版發售之前上市（真的）**好像就不是什麼奇怪的事了。

重要的是，這些賣仿製品的店家並**不會誠實申報營收**。要是申報了，就會暴露自己在做違法買賣。

因此，我們可以想像得到，中國的地下經濟市場應有大量未計算到的附加價值。這表示，中國**實際上的GDP可能比公布出來的數值還要大**。

再用一個例子來說明。我的幾本著作有幸能翻譯成簡體中文在中國出版，但**當地出版社完全沒有支付版稅給我**。明明簽了合約，也正式在中國的書店與amazon.cn發售了，但幾年下來，當地的出版社完全沒有和我們聯絡。雖然我有收到來自中國粉絲的信，卻未曾收到一塊錢的版稅（淚）。

Amazon如果有賣出我的書，出版社應該會如實申報收入才對。沒有付給我任何原材料費，和他們聯絡也不理我，卻**自行提高附加價值**，賣出譯本獲利。**這些原屬於我的錢本來應該要算在日本的ＧＤＰ上才對，這下子卻算到了中國的ＧＤＰ上。**拚了命寫出來的書，卻沒辦法貢獻給日本的ＧＤＰ，反而貢獻給了中國的ＧＤＰ（泣）。真的有夠惡質。要是這類事件在中國很常發生（一定的吧，因為我也常聽說），就表示**中國正確的ＧＤＰ可能比他們公布的還要少**。也就是說，中國的ＧＤＰ「正負誤差很大」，所以某種程度上參考就好。

我想這本書應該不會在中國出版吧。如果出版了，這一章大概也會**被刪除**。

雖然一直在批評中國，但**日本的地下偶像、ＪＫ等人，是不是也有誠實申報收入呢？**購

*註：日文中的海盜與盜版是同一個字。

買拍立得券時不會拿到收據，只有單純付錢換拍照而已。那麼**經紀公司會不會誠實向稅務署申報他們的收入呢？**ＪＫ的部分我真的不熟，但也很難想像只是散個步還要拿收據。

要是他們沒有申報收入，他們在高效率下生產出來的附加價值，就沒辦法**對日本的經濟成長做出貢獻**。如果那麼龐大的御宅族市場沒有被算進去，**政府統計出來的日本ＧＤＰ應該會比實際數值還要低才對**。

不，**一定有算進去啦**。經營偶像和ＪＫ（John King）的人們都是成熟的大人了，**一定有誠實申報收入啦。一定有從我們付給他們的錢中，拿出一部分做為稅金繳納給政府啦**。

……真要說的話，日本社會中，某些常在電視上看到的當紅藝人或當紅文化人，也可能會因為大筆所得被人發現，**自某一天起突然從節目上消失**。另外，難以捉摸的網路商業活動也在陸續增加中，所以日本政府公布的ＧＤＰ或許也不像我們想像中的那麼準確。

以上兩章，就是ＧＤＰ的介紹。

14 通貨膨脹

LINE截圖流出後，丘根君的價值變化，以及通貨膨脹的機制。

本章的主題是通貨膨脹，簡稱「通膨」。

簡單來說，通膨就是**金錢價值下降的現象**。

不過「通膨是**整體物價上升的現象**」這種解釋比較常聽到。或者更簡單一點——「通膨就是漲價」。

「金錢價值」和「商品價值（物價）」可以說是蹺蹺板的兩端，一邊上升時，另一邊就會下降。而且，計算通膨程度時，通常會先統計各種商品、服務的價格，計算出「消費者物價指數」，再以此為準，寫成「○%通膨」的形式，所以「通膨就是物價上漲」的概念已深植人心。

從結果看來「金錢價值下降」和「物價上升」似乎沒什麼差別。那麼換個方式思考呢？

假設有個人叫做**丘根君**＊1，他是一個人氣樂團的成員。

丘根君在十幾歲時，就成功以商業作品出道，上過MUSIC STATION和CDTV＊2等節目，在日本知名度很高。對他來說，與女性交際是件輕而易舉的事。因為是演藝人員，他的體態都打理得很好，也擁有一定的地位、名聲、財產。不管什麼樣的女性，都能輕而易舉地攻陷。

然而人紅是非多。某天，週刊雜誌上刊出了丘根君傳送**猥褻文字**給女粉絲的截圖。圖片中，丘根君對女粉絲說出赤裸裸、變態、蠻橫的字眼。這張截圖也引起了社會很大的騷動。不久後，許多被害人紛紛發出「Me Too」的訊息，告發丘根君過去的惡行惡狀。結果丘根君的工作完全泡湯，又因壓力而沉浸在酒精中，還被人下藥偷拍影片，想逃亡卻被逮捕。

丘根君失去了一切，其男性價值瞬間崩潰。現在已經沒有任何人想討好他。對於現在的丘根君來說，女性就像是手再怎麼伸長也搆不到的**高貴花朵**一樣，而自己就像是被所有女性踐踏在腳下的男人。

看出來了嗎？金錢就相當於這裡的丘根君，而物價就相當於這裡的女性。

在剛才的故事中，從前半段轉變到後半段時「丘根君在所有女性眼中的價值下降」，且

「所有女性在丘根君眼中的價值上升」。這裡的重點在於**「因為丘根君的價值下降，所以女性的價值才會上升」**。

如果反過來看呢？**「因為所有女性的價值上升，所以丘根君的價值才下降」**這種情況應該不太可能發生？……好像也不一定。不過，從機率看來，實在不太可能出現「所有女性的價值在同一時間一起上升」的狀況。

不管是男性還是女性，每個人的情況都不一樣。就算曾是知名人士，一旦誤入歧途，也可能在一夕之間變成「嫌疑犯」或「階下囚」。

總之，因為「所有女性的價值一起上升」，使得「丘根的價值相對下降」，實在不太合理。但如果回到一開始我們說的順序：**「丘根的價值下降」，使得「所有女性的價值相對上升」**，就合裡多了，這樣比較能解釋為什麼「所有女性的價值會一起上升」。

通膨也一樣，與其將通膨解釋成「所有物品的價格同時上升的現象」，不如解釋成「金錢的價值下降」，或「因為金錢的價值下降，使得物品的價格一起上升」。不過，如果是油

*註1：「丘根」與「錢」在日語中發音相同。
*註2：皆為日本知名音樂節目。

丘根君的價值下降↓

丘根君的價值上升↑

價衝擊等等，有特定人士操控物價上漲，就另當別論了。

什麼時候會發生通膨呢？首先，**景氣好**的時候會通膨。當經濟在不知不覺中活絡起來，薪水增加了，會讓許多人有「最近我覺得**景氣很好喔**」的感覺。這時候，市場上就會出現通膨現象。

明明「景氣很好」，「金錢價值卻降低」。這可能會讓各位覺得有些奇怪。直覺上應該是「金錢價值降低時，景氣也跟著變差」才對吧。為了說明這點，讓我們用一個具體的例子來介紹通膨的流程，試著修正各位的直覺。

在之前的章節中，曾用虛構的貨幣AKS來說明「金錢」的功能。為了方便說明物價，這裡就讓我們再次以ＡＫＳ為例。

大家應該也忘了ＡＫＳ是什麼，就讓我再說明一次。ＡＫＳ是以「握手（Akushu）」的日語首字母縮寫命名的貨幣。這種貨幣可以用在**早安少女組相關商品的交易，交易規則為「海報一張五ＡＫＳ、握手券一張二十ＡＫＳ」**。

早安少女組的市場位於「早安國」，而早安國內可交易的商品就只有海報和握手券而已。雖然只要出國就可以買到各式各樣的商品，但因為早安國的所有國民都是偶像粉絲，所以這個國家並不需要其他商品。**既然是偶像粉絲，只要有偶像就活得下去，就算不吃飯也沒關係。**

假設有一天，**早安國的景氣突然變好了**。在只有兩種商品的國家內，究竟國民們平常都在做些什麼工作呢？這種問題**就先放在一邊不管**。總之，國民薪資上升，使國民的平均月收入從半年前的一〇〇〇ＡＫＳ成長到了一五〇〇ＡＫＳ，多了五成。這讓每個粉絲都興奮了起來，大家都因為景氣很好而雀躍不已。

那麼，增加的薪資該用在那裡呢？既然是粉絲，**那就一定是用在偶像上**。現在每個人手上都拿著比平常多五成的資金，衝向週邊商品販賣會場。首先要買的是握手券。要是買太多海報也不知道該放在那裡，但如果是握手，和主推偶像握幾兆次都不是問題。拜景氣好之賜，我手上的資金可以讓我多五成的握手機會。

那麼經紀公司——早安少女組工作人員又會怎麼想呢？

在握手會開始之前，所有握手券就已經販售完畢。要是再增印握手券，偶像成員們就會多五成的工作量，實在不大可能實現。那如果增加偶像成員數量呢？考慮到歌曲的時間分配和編舞工作，實在沒辦法輕易增加新的成員。

也就是說，需求增加了五成，**供給卻追不上**。

那麼經紀公司該怎麼辦呢？簡單來說就是**漲價**。除了可以降低需求量以避免賣場混亂之外，更重要的是可以增加自己的收入，享受到景氣變好的好處。當然，除了握手券，一般海報、稀有的畢業生海報也會一起漲價，這麼一來，市場的物價就會一起上漲。

這就是「景氣變好帶動通膨」的流程。所得上升時，早安國的國民會覺得「超讚的」，對偶像的愛也更為熱情，願意付出更多金錢購買週邊產品。當需求量超過供給量，便會使物價上升，造成通膨。

雖然這裡說「所得增加是通膨的必要條件」，不過景氣畢竟還是「感覺的問題」，所以理論上，就算所得下降，只要國民的感覺對了、對偶像的愛大爆發，物價也很有可能會上漲。因此，與其說所得和愛沒有關係，不如說是：**不管有多不景氣，戀愛就是通貨～膨脹～**

（引自〈LOVE machine〉）

雖說如此，要是收入沒增加，一般人也不會覺得「景氣很好」。讓我們試著站在偶像粉絲的角度，來看看薪水增加了五成後會是什麼感覺。商品的價格因通膨而上升了，所以粉絲應該會覺得**金錢的價值降低了**。以前只要花二十AKS就能買到的握手券，現在卻需要三十AKS才能買到。於是譜的粉絲會一邊看著「十AKS紙幣」一邊嘆氣，心想「上個月只要兩張這個就可以和譜握到手，現在卻要三張才行」。這樣應該就能明白，為什麼景氣變好時，金錢的價值會下降了吧？

如果這就是通膨，那麼通膨到底是好事還是壞事？

景氣好時容易出現通膨。而通膨發生時，金錢的價值會下降。嗯……既然景氣好時，通膨會讓金錢價值下降，**結果不就什麼都沒變嗎？**雖然所得增加了，但金錢的價值也下降了，同時物價也上升了。這麼一來，**好壞就互相抵銷了**。

不過從經濟學的角度來看，**「恰當的通膨率約在每年二～三％左右」**。看來，**些許的通膨有助於景氣繁榮**。

確實，就算薪資上升五％，造成五％的通膨，實質薪資仍未改變。但如同我們前面一直提到的，景氣是「人的一種感覺」。因此，**只要名目薪資增加，心情就會變好**。而且「實質薪資沒變，名目薪資增加三％」，會比「實質薪資和名目薪資都增加一％」更讓人高興。

照我的經驗看來，就一般人而言，**不管物價如何，只要身上有很多錢，就會比較想花錢**。

十多年前我曾去土耳其旅行。當時的土耳其正處於每年五十％的通貨膨脹狀態，物價變動速度就和我們前面提到的早安國一樣。而物價的上升，就代表著金錢價值的下降。所以在兌換土耳其里拉時，換到的里拉會越來越多。我當時是拿美元去換土耳其里拉，匯率是一美元＝一六六萬里拉。入境時我換了四〇〇美元，於是我的錢包就多了**六億六千萬里拉**。

因為那時正在通膨，所以我也知道這只是名目數字啦。我並不是實質富翁，只是**名目富翁**。不過，**就算只是名目富翁，擁有近七億的資產，還是讓人覺得很爽。**

當然這裡的物價也很高。用一次付費廁所就要三十五萬里拉，一罐可樂就要一〇〇萬里拉，在高級餐廳裡吃一頓土耳其料理就要**五〇〇〇萬里拉**。但和手上資產的數字相比，物價就顯得沒那麼高昂了。「反正我有七億，花個五〇〇〇萬也沒什麼啦！」**因為數字實在太大，所以花起錢來反而沒什麼感覺**。果然，讓庶民身懷鉅款並不是什麼好事。

就算身上的里拉花完了，只要再去銀行換個三〇〇美元，就可以拿到**五億資產**了，然後繼續大手筆花錢。「我是土耳其的唐璜啦！把高級料理都給我拿來！」

不過，**「讓大家多花點錢」**這件事，對經濟發展來說其實相當重要。

金錢是「經濟的血液」，要是人不花錢，經濟體系就無法運作。當大家都願意花錢，各種商店的營收和員工薪水也會跟著增加，使景氣變好。景氣變好後，商店的營業額和員工薪水又會再增加，使景氣變得更好。這麼一來，國家的稅收也會跟著增加，社會福利、教育、治安的預算也更多。在這樣的經濟循環下，就算實質薪資沒有改變，只有物價和名目薪資提高，也會讓人覺得生活過得很爽，所以適當的通膨其實是好事。要是人們都不花錢，景氣就會變差。

不過，要是通膨的速度太誇張，反而會造成經濟大混亂。下一章將會說明這種「招致混亂的通膨」是怎麼回事。

15 惡性通膨

我曾一個人到辛巴威旅行，那是個可怕的經驗。

前一章中曾提到，「景氣變好」是通膨的原因之一。當大家因為薪資增加而興奮，消費也會大幅增加，打破舊有的需求與供給平衡，使物價上升。

另一方面，經濟史上也曾因為**「大量印刷紙幣」**導致通膨。

要是政府亂印鈔票，並任由這些鈔票流通於市面上，貨幣的價值就會暴跌。如果有一天，庭院和河邊的所有石頭都變成了鑽石，鑽石就不再珍貴。如果有一天，所有日本男女都變成了木村拓哉或新垣結衣，那他們兩位就不再珍貴，身價會暴跌。

重點是，不管是寶石、帥哥、美女，連貨幣也一樣，**相同的東西增加時，這個東西的價**

值就會下降。貨幣的價值下降時，要用更多錢，才能代表同樣的價值。使用這種貨幣的國家中，薪資（名目薪資）會增加、商品與服務的價格也會增加，換句話說，物價會上漲。

只要稍有不慎，這種「因為印太多紙幣而造成的通膨」就會嚴重破壞經濟體系。那麼，這個「稍有不慎」會發生在什麼時候呢？答案就是，**無法控制通膨速度時**。

一般將「物價在三年內漲到兩倍以上的通膨」稱做**惡性通膨**。不過，其實「三年兩倍」還算沒那麼嚴重的了，現實中要是出現了惡性通膨，物價一年漲個十倍二十倍都不是什麼罕見的事。而惡性通膨的國家，常會出現嚴重的經濟混亂。

如前章所述，一般希望通膨幅度能維持在「每年二～三％」左右。此時物價和所得會彼此拉抬，緩緩上升。大多數的國民也會隱約覺得「超讚」而興奮不已，這就是我們想看到的經濟情況。

不過，要是有一個經濟白痴掌握了權力，說出：「沒錢，那就多印一些出來就好了」。不管三七二十一地大量印鈔。那麼這種貨幣的流通量就會迅速增加，流通在市面上的紙幣也會變得**像石頭一樣沒價值**。

這種情況下，一般商品的賣家會覺得「貨幣的價值都跌太多了，若用同樣的價格賣出不就虧大了嗎！現在要漲價，想買就拿一疊鈔票來買。」並大幅調漲價格。於是之前覺得「超讚！」的消費者們，在物價上漲速度超過原本估計的速度時，會覺得「**這價格也漲太快。要是再不買又會漲得更多！漲價之前快多買一些**」而陷入**瘋狂狀態**。而這種瘋狂狀態又會造成商品的需求量大增，使價格再度上漲。

為什麼惡性通膨會造成悲慘的結果呢？因為惡性通膨會**大幅降低存款的價值**。舉例來說，當「物價變為十倍」，**「就算什麼都不做，存款價值也會立刻減為十分之一」**。一個小學生為了買任天堂Switch，花很多時間幫忙家務以賺取零用錢，終於存到三萬兩千日圓後，拿著這些錢到玩具店，卻發現任天堂Switch的價格漲到了三十二萬日圓，這就是惡性通膨帶來的悲劇。

在這種情況下，**為了不讓存款的價值消失，人們會想要盡快把存款用完**，進而買下遠超過需求的商品。從拿到薪水的那一刻起，薪水的價值就一直在減少，所以會想在商品價格還沒有漲那麼多時盡量把薪水花光。於是商品、服務的需求會大暴增。

另一方面，從賣家的角度來看，**越早賣掉商品，損失就越大**。今天賣不如明天賣，明天賣不如後天賣，這樣才能賣到更高的價格。再說，既然金錢的價值越來越低，**商家便完全沒有將商品換成金錢的動機**。最後，雖然需求大暴增，供給卻一天比一天少，通膨一天比一天嚴重，上漲的物價一去不回。

事實上，近年來確實有國家曾經發生過惡性通膨，那就是非洲的辛巴威。

辛巴威的獨裁者——穆加比總統曾為了填補財政赤字而提出**「要是沒有錢，自己印不就好了」**這種想法，大量印刷辛巴威幣，使市場充斥過多紙幣，造成惡性通膨。

辛巴威出現惡性通膨的初期，我剛好在當地當背包客。惡性通膨的條件是「三年內物價漲為兩倍」，相當於「一年通膨二十六％」。不過我在辛巴威的那年，辛巴威的通膨率高達每年一三九％，物價在一年內就增加到原本的二．四倍。隔年是三八五％、再下一年則是六二四％，顯得我去辛巴威那年的一三九％好像沒那麼嚴重的樣子，但光是我去的那年，辛巴威就出現了經濟大混亂。

有件事讓我特別有印象，那就是**很難用合理匯率換到錢**。當時若想用美元換辛巴威幣，可以選擇公定匯率或地下匯率，但兩者間的差距非常大。當時銀行只能用公定匯率換錢，一美元＝五十五辛巴威幣，然而地下匯率卻是**一美元＝一〇〇〇辛巴威幣**。

也就是說，**若是在銀行換，損失非常大**。

稍微說一下辛巴威通膨的背景。當時辛巴威因為過度印刷紙幣而造成通膨，然而總統穆加比卻說：「通膨才不是因為我的政策造成的！」完全**不承認是自己的錯誤**。之後他還說：「物價飛漲並不是因為通膨，而是因為那些奸商哄抬物價！」將責任完全推給國民，甚至還發布**禁止漲價命令**，完全沒有打算要從根本解決問題。

通膨發生後，該國貨幣的價值就會下降，以他國貨幣（外幣）計價時也會變得比較便宜。舉例來說，目前一美元大概可以換一〇〇日圓，但要是日圓的價值變為原本的十分之一，那就要一〇〇〇日圓才能換到一美元。以美元計價時的日圓變便宜了（即日圓貶值）。相反的，如果匯率變成五十日圓可以換到一美元，則代表日圓變貴了（即日圓升值）。

一般來說，當國內出現通膨，該國貨幣與外幣的交換匯率也會因應調整。但辛巴威的總統穆加比卻不承認有通膨的情況發生，所以也不會依照物價調整對外幣的公定匯率。

為什麼辛巴威的銀行匯率不隨著物價調整？相關的公開資訊非常少，但就我推測，應該是政府直接指示銀行等檯面上金融機構這麼做的。或者是銀行的經營管理人員揣摩獨裁政權的想法後，決定不改變公定匯率。但就算上位者再怎麼宣傳「沒有通膨」，現實的市場物價仍確實在飛漲中。「上帝伸出了看不見的手」，操控著現實市場中的匯率——也就是地下匯率。在需求與供給的變動下，辛巴威幣逐漸貶值，與公定匯率的差距越來越大。

接下來政府就頒布了前面提到的「禁止漲價命令」。店家雖然沒有更改檯面上的價目表，卻將店內的商品全部收起來，拿到地下市場，用通膨後的價格去賣。考慮到貨幣正在快速貶值，會這麼做也是理所當然的。

但**外國人要換錢就變得很麻煩**。

旅行時，我通常會先帶著一堆美元，到了當地再換成當地貨幣。但就算去銀行換辛巴威幣，也只能用公定匯率來換。城鎮內的物價早已因為通膨而漲到一罐可樂五〇〇辛巴威幣。如果用公定匯率的一美元＝五十五辛巴威幣兌換辛巴威幣再購買可樂，那麼**一罐可樂就要價一〇〇〇日圓**。而如果用地下匯率的一美元＝一〇〇〇辛巴威幣兌換，則要價五〇〇辛巴威幣的可樂就會變成五十日圓。兩者價格差了二十倍。

就算不用現金，而是用信用卡購物、結算，也會以公定匯率計算。要是用信用卡支付，不管買什麼東西，都得付實際價格的二十倍才買得到。

所以我只能求助於地下外幣交易市場。在習慣以前，光是聽到名字裡有個「地下」，就會讓人覺得害怕。

我第一次到地下市場換錢，就發生在我從南邊陸路入境辛巴威的時候。那時我來到一個國境邊緣名為「馬斯溫戈」的小鎮。

銀行的匯率很糟，但旅遊書上也不會寫地下市場的門路，在我不知所措的時候，一個理平頭的黑人大哥朝我走了過來。他壓低聲音對我說「Exchange？（要換錢嗎？）」

如果這裡是新宿歌舞伎町，應該要馬上逃走才對。不過**這裡不是歌舞伎町，是辛巴威**，而且要是我再不快一點換到辛巴威幣，就不能吃飯也不能住宿了。要是第一次來到辛巴威就要露宿街頭，說不定會有生命危險。我實在怕得不得了，於是問了黑人大哥匯率是多少。

這位黑人大哥說的匯率是一美元＝一〇〇〇辛巴威幣，於是我沒想太多，就直接對他說：「請幫我換二〇〇美元」。他回答：「ＯＫ，那我通知一下我大哥」，然後拿起手機撥電話。幾分鐘後，一個雷鬼頭、肌肉超大、**感覺可以和終極戰士打三場贏兩場的壯碩黑人大哥**開著車過來。他說鬧區有警察的眼線，要我到他家去跟他換錢。我就這麼被強迫……被請上車，然後被兩個摔跤選手般的黑人夾在中間，逐漸遠離鬧區。

一段時間後，房子、柏油路逐漸消失，山路上只有我們這一台車。車內有一位瘦弱的六流作家——我，以及五分鐘前我在辛巴威路邊遇到的**最強黑人雙人組——要是他們和三國時代的關羽、張飛雙人組打起來，應該可以打個三天三夜不分勝負**。而且這裡是非洲邊境的山中……。我突然發現，「對他們來說，如果要賺我錢，與其和我兌換外幣，**不如直接把我殺了丟在山裡某處，再拿走我的行李。這樣還比較有效率**」，因而不由自主地開始顫抖。

當我腦中的跑馬燈正在回顧我悲慘的人生，車子停在深山中的一棟建築物前，黑人大哥的老婆和可愛的小孩帶著**甜美的笑容**出來迎接我們。黑人大哥還請我喝茶，然後在**溫暖和氣的氣氛下**，順利換完了錢，之後還把我安全送回了城鎮。**善良的辛巴威人啊，一開始懷疑你**

們是殺人魔，實在是非常抱歉。

然後我帶著**二十萬辛巴威幣**，興高采烈地在超市大肆購物。我買了一大堆餅乾零食度過夜晚，感覺自己就像是個大富翁一樣，於是放鬆心情入睡。但隔天早上在我吃早餐時，所有財產全被偷走了。換辛巴威幣的經驗恐怖到讓我腦中出現人生跑馬燈，但由這個恐怖經驗換來的辛巴威幣、**現金一〇〇〇美元，以及價值八〇〇〇美元的旅行支票全都被偷了**。剩下的就只有口袋錢包裡，價值約為五〇〇〇日圓的辛巴威幣。

總值約一〇〇萬日圓的金額，過了一天，突然只剩下五〇〇〇日圓，也就是兩百分之一的金額。對我來說，就像是**一個晚上就通膨了兩百倍**。辛巴威金錢貶值的速度真快。

……個人回憶就先講到這裡。我待在辛巴威時，匯率為一美元＝一〇〇〇辛巴威幣。之後的二〇〇九年，通膨來到頂峰，這時的匯率是**一美元＝兩百五十億辛巴威幣**。通膨速度只要大於「平均每年二十六％」，或「物價在三年內變為兩倍」，就符合惡性通膨的條件了。不過某個智庫的計算顯示，辛巴威的通膨達到巔峰時，通膨率曾高達**每年八九七垓％**。

第一次世界大戰後的德國人，會推著堆滿鈔票的手推車去購物。想必大家也曾經在歷史書中看過這樣的照片或漫畫。

戰敗的德國為了支付龐大的賠償金而印刷紙幣，引起了惡性通膨。九十年後的辛巴威也發生了同樣的情況。在通膨末期，**堆滿一個手推車的紙幣也只能買一個麵包**。別說是一天，只要經過一個小時，物價就不一樣了。物價在**一天之內可以漲到三倍**。

從麵包店的角度來看，先不論商品不足的問題，如果一天賣一〇〇個麵包，**一天就會收到一〇〇台手推車的鈔票**。結帳的時候當然也不可能一張一張算有多少鈔票。要是認真去算一〇〇台手推車的鈔票，可能得花上十天左右。如果這十天內，物價上漲的速度是一天三倍，當麵包店終於把錢算完，**物價已經漲到了九天前的一萬九千倍。之前數完的紙幣已經變得跟垃圾沒兩樣**。如果用這天的物價來賣一〇〇個麵包，則會**收到一五〇萬台手推車的鈔票**，根本就沒地方放。

為了不讓人民推著一堆錢跑來跑去，辛巴威政府也陸續提高紙鈔的面額，最大面額的紙鈔曾高達**一〇〇兆辛巴威幣**。不過這張一〇〇兆辛巴威幣也只能買到兩、三個麵包而已。最後單靠辛巴威幣也支撐不下去了，所以改用美元做為通貨，終於讓惡性通膨得以減緩。因為美元有美國政府（相當於美國中央銀行的FRB）管理發行量，所以美元是一種很穩定的通貨。

惡性通膨不只會讓人覺得「物價真高啊」，而是會使整個經濟體系崩潰的現象。如果各位讀者中，有人未來會成為總統，一定要注意通貨的發行量。

16 通貨緊縮與財政赤字

少年漫畫從「戰力通膨」變成「戰力通縮」。

如前所述，通常我們會希望一個經濟體系有「恰到好處的通膨」，那麼我們日本是否正處於這樣的狀態呢？可惜的是，目前的日本並非如此。目前日本經濟不只沒有通膨，還處於**通縮**狀態。

通縮是**通貨緊縮**的簡稱，和通膨相反，通縮指的是**物價持續下降**的狀態。

所謂「物價下降」指的其實是「金錢價值上升」。但比起「金錢價值上升」，我們更常用**「通貨不足」**這種方式來描述通縮。通貨不足，再加上**需求不足**時，就會引起通縮。

讓我們來想像一下一個陷入通縮的國家會是什麼樣子。

首先，為什麼物價會下降呢？因為**大家都不想花錢**。當大家都不花錢，不管哪種商業行為都會有「顧客減少」的問題。顧客減少就代表**需求不足**，需求不足會使商品賣不完。若是報廢掉這些商品，或者讓員工閒著沒事做，都只會浪費掉許多資源。因此供給者會降低商品、服務的價格，以求減少浪費，導致物價下降。物價下降時，供給者的營收會下降，員工的薪水也跟著下降。員工的薪水下降後，大家就變得更不想花錢（※陷入惡性循環）。

哪個步驟是通縮的起點呢？是物價下降嗎？還是薪資下降呢？其實，**每個步驟都有可能是通縮的起點**，只要其中一個環節未見改善，就會一直陷入惡性循環，這就是通縮。

在這個循環中，「沒有被用到的錢究竟跑到哪裡去了呢？」通縮時，大部分的錢都跑到家裡保險箱、銀行戶頭、公司金庫裡了。這會使市場上的通貨陷入不足。所以我們才會用需求不足、通貨不足來描述通縮。

嚴格來說，當大家都把錢存在個人戶頭或保險箱內，會造成「貨幣供應量不足」，而非通貨不足。不過這裡就讓我們先用「通貨不足」一詞來概括這個情形。

總而言之，當通貨不足，為了獲得數量稀少的金錢，供給者會降低商品價格。而當商品或服務價格下降，營收和薪水也會跟著下降，導致通縮。

不過，「通縮」不一定代表「不景氣」。畢竟通縮是以「物價」這個明確的東西作為基準，但景氣是好是壞則主要取決於**人們的感覺**。所以我們沒辦法一口咬定「通膨就是景氣好，通縮就是景氣不好」。

試著**從漫畫的角度來想想看吧**。

少年漫畫，特別是王道的戰鬥漫畫，一定會出現**戰力通膨**。如同我們在第三章中所說的，七龍珠第一集中，這些小孩子們只是在附近的原野互毆而已；第五集時開始學習正規武術；第十集時已經**可以從手中飛出虎或龍之類的東西**；第十五集時可以飛上天空；第二十集時學會變身；**第二十五集時可以和神及惡魔戰鬥；第三十集時甚至可以跑到其他銀河去**。少年漫畫中，角色會像這樣隨著集數的增加而逐漸成長。也是因為故事中有這樣的戰力通膨現象，我們這些少年讀者才會一直抱著興奮的心情，期待「下一次會出現什麼樣的強敵呢」。

不過，我從來沒有看過**戰力通縮的少年漫畫**。在第一集中可以飛上天空，發射出光線炮的英雄，在之後的集數卻說出這樣的台詞：「抱歉啦，我修行一直在偷懶，所以現在發不出龜派氣功了啊。這次比賽就不要用氣功了好嗎？」「正合我意，卡羅特。我最近啤酒喝太多，肚子都跑出來了，根本飛不起來啊。」「嗚嗚，抱歉啦，貝吉塔，我從去年開始膝蓋就痛得受不了耶……琪琪有帶我去醫院，好像是年紀大了所以軟骨變形，治不好了啦……。別說是戰鬥了，連走路都走不穩。這次比賽就別打了好嗎？」「正合我意啊，卡羅特。我這個冬天放著肝硬化不管，食道靜脈瘤卻破裂了，上週才離開加護病房。要是沒人看著，根本不能外出啊。」「原來你也是這樣啊……。看來我們都變老了啊……」。日本的漫畫史上應該從來沒出現過這種**「所有登場角色都越來越弱，戰力通縮的漫畫」**吧。因為就算讀者讀了這樣的漫畫，也**完全不會興奮喜悅**。如果連漫畫這種逃避現實的娛樂，都要面對生老病死，讀者只會越看情緒越低落，像是佛門弟子般的心如止水。

當讀者看到戰力通膨而感覺超爽，心裡就會想：「我一定要花錢買下一集」。但要是戰力通縮，讓讀者心情不好，讀者會心想：**「與其把錢拿來買這種漫畫，還不如存起來」**，而不願意花錢。這麼看來，比起通縮，人們還是比較喜歡能讓心情變好的通膨。

不過通膨還是要稍微控制一下。要是通膨太嚴重，「所有角色都有破壞地球的能力」，就會變成**戰力的惡性通膨**，這樣反而會讓作者很難掌握劇情走向。三年內物價成長兩倍以上就叫做惡性通膨，那麼「三集內戰力成長兩倍以上」或許可以稱做戰力的惡性通膨。作者們在編寫故事的過程中，最好也能掌握好戰力通膨的速度。不管是經濟還是漫畫，通膨最好都能控制在一定範圍內，大概是每年二～三％左右。

不過可惜的是，目前的日本處於通縮狀態。

通縮的判定指標有很多種，計算消費者物價指數後得到的通膨率是其中之一。從一九九九到二〇〇五年間，日本的通膨率連續七年都是負數。接著有一段期間通膨幾乎等於零。然後從二〇〇九到二〇一二年間，連續四年是負數。二〇一五年也是負數。二〇一七年的通膨率為〇．五％左右，雖然是正數，但這樣的通膨率還沒有高到能說日本已經「脫離通縮」的程度。

那麼，為什麼日本會通縮呢？

依眾多學者的說法，日本通縮的可能原因包括「泡沫經濟破裂」「日圓升值」「消費稅增加」「雷曼兄弟事件」等等。**但最後導致通縮結果的，其實是日本人在前述各種因素的影響下，產生的「通縮心理」**。

通縮心理，也就是「感覺會通縮的想法」。這種心理會讓人感到沮喪，興奮不起來。

所以說，景氣終究還是取決於心情。原本以為景氣很好，但經濟泡沫破裂了、消費稅讓生活變得更辛苦了、雷曼事件讓工作沒了、不曉得什麼時候會出現地震颱風，**這些都會讓人們變得不想用錢**。因為未來不知道會發生什麼事，所以人們不太敢花錢。就算花錢也不敢花太多，買東西的時候一定會**仔細研究店內的展示品，然後在網路上向價格最便宜的商家訂購**。

當所有國民都陷入這種通縮心理，如果讓每個人都能買到「最便宜商品」，就能讓大家滿意。然而當消費者如此仔細比價，店面也會打出「保證最便宜，**買貴退差價**」之類的策略，使市場陷入價格競爭、促進通縮，反而使市場進一步萎縮。

要解決通縮問題，困難的地方在於：必須改變民眾的通縮心理，才能消除通縮。但只要通縮沒有結束，民眾的通縮心理就不會改變。這就像哆啦A夢對大雄說「快去練習游泳啦」，大雄卻回答**「等我比較會游的時候再來練習啦」**一樣，是個無解的問題。

若要解決通貨不足的問題，必須將存在銀行戶頭的錢、藏在保險箱內的錢都釋出到市場上。為了做到這點，政府必須想辦法製造出「快樂的氣氛」。畢竟人們在快樂的氣氛下，才比較願意花錢。那些「藏起來的錢」就像**躲在天岩戶內的天照大神**一樣。天鈿女命在岩戶外跳舞，和日本的各個神明一起嗨翻天，這才吸引到天照大神的注意，讓祂覺得「外面是發生什麼事了，怎麼那麼多歡笑聲呢？」並走出了天岩戶。同樣的，只有在人們愉悅歡笑地唱出**「最近超讚」**時，藏在金庫和銀行的錢才會覺得**「是什麼東西那麼棒呢？」**並出現在市場上。

不過，既然通縮會減少營收和薪資，就不可能讓民眾感覺「超讚」。沒有這種超讚的感覺，錢也不會進入市場流通。錢沒進入市場流通，就沒辦法解除通縮的情況。陷入這個迴圈後，通縮國家便會一直苦悶下去。

通縮會產生許多問題，其中最大的問題就是**國家稅收減少**。

通縮情況下，人們的薪資會下降，由此徵收的所得稅和地方稅也會跟著減少；公司的營收也會下降，使法人稅跟著減少；人們減少購物，故消費稅會減少；來自菸酒、汽車等商品的稅收也會減少。最後造成整體稅收大幅下降。

稅收本身是國家的預算來源，所以稅收減少時，可能會導致社會福利、教育、治安的品質下降。

不過，重點就在於，社會福利、教育、治安下降的情況「不一定會發生」。並不是稅收減少時，就一定會有這樣的結果。

簡單來說，國家的服務品質通常不太會下降。之前的章節中曾經提到，「就算實質薪資沒變，只要名目薪資改變，就會引起不滿」。這在政府提供的服務上也一樣。要是因為稅收減少，使政府縮減、廢除原本的服務，**會引來國民的不滿**。

如果是一般公司，沒有預算也沒辦法，只能一邊承受抱怨，一邊強行縮減服務。不過政府就很難這麼做了。因為，**決定削減預算的人，下次選舉時很有可能會落選**。

假設政府提出縮減預算的法案，欲減少醫療保險、年金等社會福利，並增加國民在教育費用上的負擔，那麼下一次選舉中，其他政黨就會疾呼：「如果我們取得政權，就會撤回縮減醫療保險、年金的法案，還會增加教育費用的補助」。如此，便很可能會出現政黨輪替。政黨輪替後，原本提出來的法案就會被撤回。**既然是在做白工，乾脆一開始就別去提什麼縮減預算的法案**。政治家們會這麼想也無可厚非。這並不是政治家的問題，而是選民的問題。

當然，政府還是會逐漸改革醫療費用與年金制度，但不管是醫療、年金、治安、教育，都和基本國民生活有關，所以政府不可能任意刪除相關預算。

那麼國家該怎麼辦呢？**稅收變少了，預算卻沒有變少**。這會使政府陷入「支出比收入還要多」的**財政赤字**狀態，預算不足的部分，只能**借錢來補上**。

政府要如何借錢？又要向誰借呢？答案是發行國債，將國債賣給金融機構或個人（就像寫借據給他們一樣），藉此募集資金。還記得介紹股票的章節中提到的「公司債」嗎？企業會宣稱「〇年後，我加上△％的利息連同本金還給你。所以請你借我錢」，並交給投資人一個資金提供證明書，這就是公司債。

同樣的，如果這個債券是由國家發行，就叫做國債。當政府的預算不足，就會發行國債，賣給銀行等金融機構，或者透過金融機構賣給個人，藉此募集資金，用於各種政府預算。

然而，日本經濟已經停滯了二十年以上。因此國家稅收並沒有增加，每年卻因為財政赤字而不得不持續發行國債，目前累積的國債金額已經超過了**一〇〇〇兆日圓**。

即使國家目前的財政收支是赤字，每年仍需支付到期的國債本金&利息。明明是赤字，要怎麼還錢呢？事實上，每年日本政府都會**發行新的國債，再用這些資金來還舊的國債**。也就是借新債、還舊債。

如果發行債券的不是國家而是個人，情況會怎麼樣呢？個人由消費金融管道貸款，卻無法在期限內還款，故借新債來還舊債。因為下一次還錢時還要再加上新債的利息，比前一次還的錢多，所以還是只能再借新債來還舊債。再下一次還錢時又還不出錢，所以又借了新債，於是再下一次又要還更多錢。就這樣，債務越來越多，最後破產。

漫畫《黑金丑島君》中，有一位上班族就是這樣。這位上班族欠下了高利貸，只好**到風俗店賺錢還債。後來又因為染上毒癮而不得不借更多錢，最後變成了一個只有皮囊的廢人，被丟棄在鬧區的暗巷。**

說不定，**日本未來也會走上這樣的道路**，走上因為用藥過度而變成廢人的命運。

不過，政府的貸款和一般人的貸款還是有很多不同，之後也會一一說明。有人說，為了恢復景氣，政府反而應該要借更多錢；有人說，和目前持有的資產相比，這樣的額度根本不算什麼；有人說，因為國家可以印錢，所以不管借多少都沒關係。但無論如何，借來的國債還是要還回去比較好。而為了還錢，應該解決通縮的問題。唯有這兩點毫無疑問是正確的。

那麼，政府該怎麼做，才能消除財政赤字呢？下一章中，讓我們一起來看看政府可以用哪些方法來消除財政赤字。

17 消除財政赤字的方法

告訴你如何將這個世界上的貸款歸零。債務纏身者必看！

通縮造成物價下滑時，許多企業的營業額也會跟著下滑，使員工的薪資減少、甄選率下降、許多公司裁員、失業者增加。這麼一來，人們的情緒也會越來越低落，使景氣惡化。

從國家財政的角度來看，通縮時不只稅收會減少，失業者增加也會增加失業保險金的支出，故通縮只會讓財政進一步惡化。

從一九九〇年代起，日本就一直處於這種狀況。預算不足的部分就發行國債向金融機構和國民借錢。

政府每年都會為了歸還即將到期的債券（國債）而發行新的國債，所以累積的國債會持續增加。如果是在《黑金丑島君》的世界，這樣的人會越借越多錢，每個月光是利息就是一大筆錢，可以說是**高利貸的優良顧客**。當這種人破產，說出「我沒錢了。要錢沒有，要命一條，隨你們處置」之類的話時，男性就會被抓去**遠洋漁船**工作，女性就會被抓去從事**不太方便在這裡說明**的工作。

那麼，這些負債究竟該怎麼處理呢？

確實有一種猛藥可以消除這些負債，讓龐大的負債一口氣全部消失。

那就是**掀起惡性通膨**。

日本銀行是獨立於政府之外的機構。說得更正確一點，就是因為不希望日本出現惡性通膨，法律才規定日本銀行必須獨立於政府之外。但是，日本政府還是可以任命一個和政府首腦意氣相投的人物當日銀總裁，再要他瘋狂印刷一萬日圓鈔票。於是，為了振興萎靡不振的景氣，總裁開始興高采烈地瘋狂印錢，而印出來的大量紙幣，造成了一兆倍的通膨。

一兆倍的通膨，會使日圓的價值變為原來的一兆分之一。原本日本對美元的匯率是一美元＝一〇〇日圓，價值變為一兆分之一後，則是一美元＝一〇〇兆日圓。所以說，**十美元就會等於一〇〇〇兆日圓**。我之前旅行時換的美元還有剩下一些，**我用這些美元就能還清日本政府的國債**。如果是為了國家，我很樂意奉上這十美元，作為交換，請給我國民榮譽獎。

在一兆倍的通膨下，一〇〇〇兆日圓的國債實質上（在通膨前的價值）僅為一〇〇〇日圓。任何人都能輕鬆還完這筆錢，男性不用去遠洋漁船工作、女性也不用去從事**不太方便說明的工作**。

如果連政府的國債都能還清，個人貸款就更輕鬆了。舉例來說，假設一個人有五〇〇〇萬日圓的房貸，那麼在通膨之後，價值就會減為原本的一兆分之一，也就是**實質〇・〇〇〇五日圓**，一天之內就可以全部還清了。不過要是金額降得那麼低，當你向銀行詢問：「不好意思，我想要一次繳清房貸可以嗎？」銀行大概會回答：「**不用還也沒關係啦！這些房貸就當做送你的**」然後免除所有房貸。不過，要是剛好有人向美國的朋友借五〇〇美元，並將其換成日圓持有，當他要還給朋友五〇〇美元，就要**拿著天文數字般的五京日圓去換成美元**。不過既然薪水也變成一兆倍，那應該也不會有什麼問題。

既然是猛藥，就表示這種藥會有很強烈的副作用。惡性通膨確實可以讓國債消失，但所有人的存款實質價值都會變成原來的一兆分之一。商品原本都是一〇〇日圓、號稱百圓店的大創，在惡性通膨後，**商品價格全都變成了一〇〇兆日圓，或許應該改名為百兆圓店**。我們出門時，必須推著載滿萬元紙鈔的手推車才能買東西。如果在百兆圓店買東西，一個商品就要課**八兆日圓的消費稅**。用信用卡支付就算了，如果用一萬日圓現鈔支付一〇八兆日圓，就算是一秒可以數五張紙幣的菁英店員，要全部數完這些鈔票，也得花上**六十八年又六個月**。

只是買一個商品，就要**在收銀台前等待三個世代的時間**。

以上內容並不只是玩笑話，事實上，確實有經濟評論家主張：「若想還清日本的債務，就只能靠惡性通膨」。

就算這種混沌的未來正在等著我們，我們庶民還是有因應的方法，那就是**持有外幣**。

要是手上只持有日圓，不管存款有多少，只要碰上一次惡性通膨，就會面臨資產消失的危機。不過要是手上持有外幣，特別是信用很高的通貨，譬如美元、歐元。那麼在將外幣換回日圓時，可以換到的日圓也會隨著通膨而增加，因此外幣可以保住存款價值。

雖然惡性通膨不一定會發生，但為了以防萬一，最好還是將資產的一部分換成外幣。

……但是，如果日圓升值造成了損失，**就不關我的事了**。如果因為損失而想要抱怨，請向**「決定要購買外幣的自己」**抱怨。

不過，因為大家都知道「通膨時外幣的價值不會改變」，所以通膨時人人都搶著買外幣，使外幣的需求增加，價值越來越高。我待在辛巴威時，地下市場的美元匯率一直在升值。

除了外幣，惡性通膨時，**持有實體商品的人最強**，保險起見，或許可以從事農業。

大戰剛結束的日本，就是一個紙幣幾乎沒有價值的世界。在這種時局混亂的時候，擁有糧食的人與他人以物易物時會明顯占優勢。

「這件和服是母親的遺物，可以再多分一點地瓜給我們嗎？」
「妳在說什麼啊？這種非常時期，這些破布一點用都沒有。給妳一籃地瓜都嫌多了！」
「請等一下，我家還有小孩餓著肚子在等我回家，請您再多給我一些……。對了，這裡有一〇〇兆日圓！我可以用這一〇〇兆日圓跟你再買一籃的地瓜嗎？」
「妳很煩耶，紙鈔現在就跟廁所的衛生紙一樣不值錢。我才不需要妳這些東西，妳要是不想換就帶著妳那些破布，有多遠滾多遠！」
「我知道了……這些地瓜就可以了。對不起啊，進次，一直都讓你餓著肚子。請你原諒我這個沒有用的媽媽。」若擁有糧食，戰後就可以玩起**惡劣農家的遊戲**。當然，你要**認真當個惡劣農家**也行！

總之，或許可以趁現在多持有一些外幣、開始務農、開始練習要怎麼把拿東西換糧食的媽媽罵回去。等到哪天惡性通膨時，或許就用得上了。

雖說如此，用惡性通膨來消除國債和財政赤字仍是個猛藥。有沒有比較溫和的方法能解決這些問題呢？

其實是有的，有比較溫和的方法。

這種方法就是**使用微量的猛藥**。

既然是藥，就得注意用法和用量。

來講一些題外話吧。以安眠藥為例，吃下一顆安眠藥後，一直到隔天都會覺得意識不清。如果是猛藥級的強力安眠藥，**甚至能讓旅行者睡個兩、三天都起不來**。我以前到非洲和中東時，就曾遇到好幾個**日本旅行者在旅行途中被下藥而一睡不醒，身上所有財產全被偷走**。有人喝下當地人給的咖啡後睡了三天；**有人在坐公車時，脖子上被塗了某種液體後失去意識，連藏在衣服裡面的貴重物品都被偷走。**

我被偷的時候也一樣。我身上的錢幾乎都被他們偷走了，只剩下百分之一左右。就好像物價在一夜之間漲到一百倍。猛藥就會造成這種惡性通膨。

服下一錠安眠藥會讓人昏昏欲睡，但如果用市面上的切藥器切成一半、四分之一、八分之一，藥效和副作用就會變成一半～八分之一。

所以說，要償還國債時，只要縮減一般惡性通膨的規模，使其成為**微乎其微的惡性通膨**就行。將「一兆倍的通膨」寫成百分比，會是一〇〇兆％。將這樣的猛藥切半再切半，切成三十兆～五十兆分之一後，就會是理想中的二～三％通膨了。

這種溫和的手段，正是日本政府與日本銀行從二〇一三年至今所使用的處方。一般人稱為**安倍經濟學**。

安倍晉三於二〇一二年就任首相，他主導的安倍經濟學主要由三個經濟政策組成，這三個經濟政策又被稱做「安倍三支箭」。第一箭是**量化寬鬆**、第二箭是**財政擴張**、第三箭是**成長戰略**。

雖然安倍經濟學是個專有名詞，不過就內容本身而言，其實不是什麼嶄新的政策。特別是量化寬鬆和財政擴張，也常是世界各國的**景氣政策**。政府為解決通縮或不景氣的問題而推行的經濟政策，就叫做「景氣政策」。這是一九三六年時，英國經濟學者凱因斯（John Maynard Keynes）提倡的方法。因此，量化寬鬆（貨幣政策）、財政擴張（財政政策）等景氣政策，也被命名為**凱因斯政策或凱因斯主義**。

至於安倍經濟學的第三支箭「成長戰略」，則是「找出未來很有發展性的新產業，並全力支援、推動」的政策，這和一般的景氣政策顯然不太一樣。不過，要「找出新產業」其實是相當困難的任務。就算找一群學者來開會，絞盡腦汁討論哪個產業比較好，最後得到的結論也不一定會是正確的。

而量化寬鬆和財政擴張就顯得清楚許多。我們將在接下來的章節中介紹這兩種政策的內容。這兩種政策的目標都是要用比較溫和的通膨，具體來說是**二%的通膨**來刺激日本的經濟。發生惡性通膨時，金錢的價值會突然降低許多，借款也瞬間消失，不過這並不是一般的

約翰．梅納德．凱因斯
（1883-1946）

英國經濟學者。
確立了總體經濟學。
主要著作為《就業、利息和貨幣通論》。

景氣政策想看到的結果。一般的景氣政策會想藉由恢復景氣（刺激通膨）以**增加稅收、財政黑字化（收入大於支出）**，再慢慢還掉政府的債務。

當然，景氣政策不只是為了改善國家財政，恢復景氣、消除通縮、讓國民生活得更快樂，也是景氣政策的目標。

那麼下一章，就來介紹景氣政策的第一箭——量化寬鬆的機制。

18 量化寬鬆

經濟政策模擬狀況一，在勇者鬥惡龍的世界實行量化寬鬆！

所謂的量化寬鬆，就是**「增加市場上流通金錢量的政策」**。

通常我們會將市場上流通的金錢量稱做「貨幣供應量」，通縮時通貨不足，故政府會藉由量化寬鬆的方式來增加貨幣供應量。

量化寬鬆的第一步中，日本銀行會進行**公開市場操作**。具體來說，**日本銀行會向各金融機構購買國債**。

日本長年以來一直處於財政赤字的狀態，並藉由發行國債來填補預算不足的部分。政府會將這些國債賣給各個金融機構與個人（就像寫借據給他們一樣），以獲得資金。國債的買家又以銀行為主，他們平常就持有相當多的國債。而日銀就是藉由公開市場操作，買下銀行等金融機構持有的國債。

購買大量國債時，需要花很多錢，不過既然買家是日本銀行，那就不是問題了。日銀可以自行印刷一定量的現金，再將這些現金做為購買國債的資金，交給金融機構。

需要注意的是，日銀並不是直接向政府購買國債。換言之，就算政府發行國債，也不會把國債直接賣給日銀（即不會直接向日銀借錢）。

很久以前確實曾經用過這樣的制度：

1. 政府發行國債。
2. 日銀印鈔票。
3. 日銀向政府購買國債，並將印出來的鈔票交給政府。

日本政府曾為了支付戰爭費用而過度發行國債，使貨幣過度增加，造成惡性通膨。故目前的財政法禁止日銀直接購買國債。

這樣不是很讓人困擾嗎？國債的忠實客戶——日銀不能再買國債了，那麼當政府為了增加預算而發行國債，這些國債要賣給誰呢？雖然政府不能直接將國債賣給日銀，卻可以**先將國債賣給其他金融機構，再由日銀間接買下。**

這就像**「先讓一個人住進凶宅一陣子，這棟房子就不再是凶宅」**一樣。如果將有怨念的房子直接賣給下一個人，仲介公司有義務告知買方這是凶宅。但如果讓不動產的新進員工先在房子內住一個月，再賣給新的買家，就沒有告知義務，也不需折價出售。畢竟怨念都被新進員工帶回他們自己家中了。

為了符合本書作者高尚的品格，讓我們用一個高格調的例子來說明吧。像是**第二次長州征伐前的薩長同盟**。幕府用了一些手段，禁止長州藩直接向外國購買武器，不過在坂本龍馬的仲介下，**先由薩摩藩購買武器，長州藩再向薩摩藩買下這些武器**，使長州藩間接買到了武器。這打破了幕府的計畫，使長州藩越來越強大，並在第二次長州征伐中打敗幕府軍，而這次的勝利，也造成了幕府不久後的滅亡。

如果把這裡的「武器」換成「國債」，長州藩就是日銀，薩摩藩就是金融機構。雖然法律禁止日銀直接購入國債，但日銀仍可由「其他金融機構」——也就是上例中的薩摩藩——間接購入國債。不過這樣一來，是不是會**打破政府原本的計畫，造成惡性通膨，而這個失敗又會導致之後日本滅亡呢？**

雖然日銀購買國債的方式有點取巧，但也正因如此，日銀才有辦法執行量化寬鬆。

日銀向銀行購買大量國債，這就是量化寬鬆的第一步。

那麼，日銀向銀行購買國債之後又會發生什麼事呢？為什麼可以改善通縮和不景氣？

接下來要說明量化寬鬆的下個階段，不過現實社會中，商品的種類、交易方式有無數種，市場相當複雜。為了方便說明，就讓我們稍微簡化現實，在虛擬世界中進行量化寬鬆。

不知道大家是否玩過或聽過**勇者鬥惡龍**。沒錯，就是那個國民RPG（角色扮演）遊戲。在勇者鬥惡龍的故事中，做為主角的勇者為了拯救世界而踏上打倒魔王之旅。在遊戲的世界中，也存在著各式各樣的經濟活動，如同現實社會的縮影一般。城鎮中的人們都辛勤地工作著，並使用名為「Gold」的通貨進行交易。

假設有一個國家叫做「DQ國」。住在城堡內的國王和大臣們是整個國家的首腦，而這是一個資本主義國家。DQ國唯一的「民間金融機構」，是**愛與信賴的 Gold 銀行**。讓我們試著在這個國家模擬量化寬鬆吧。

這幾年，景氣停滯讓DQ國的人們相當煩惱。國民們沒有什麼「花錢的理由」。

這要從三年前的某一天開始說起。那天早上，天空突然轉暗，某處傳來了這樣的聲音：「我是大魔王佐瑪，是黑暗的支配者。所有生命都是給我的祭品，世界將籠罩在絕望中」，聽起來就像是**魔王的犯罪預告**一樣。

之後天空恢復明亮。每個人都在問：「這是不是某個人的惡作劇？」在DQ國的野外，到處都可以看到怪物遊蕩。因此，大部分的人對惡魔的犯罪預告都沒辦法一笑置之。

因為擔心被魔王支配，所以人民變得越來越不敢花錢。如果家裡糧食被惡魔奪走，就要再花錢買糧食；如果房子被惡魔破壞，就要花錢修繕；如果被惡魔咬到，就要花錢治療；要是被惡魔殺掉，就要花錢復活。這些「如果」帶來的恐懼，形成了惡魔心理……應該是通縮心理。通縮心理滲透到了市場上的每個人心中，使每個人民與商店不願再使用通貨Gold，而是把 Gold 存起來。

金錢無法流通，使商業活動陷入不景氣。就連愛與信賴的 Gold 銀行也一樣。因為**沒有人要和銀行借錢**。

企業向銀行貸款，並支付利息，銀行才能經營下去。但當人們陷入對未來感到不安的情緒，就不會產生「借錢蓋一棟新旅館吧！」之類的想法，不會去和銀行借錢來創業。就算蓋了一棟新的旅館，魔王一來，旅館就可能被破壞。再加上，現在只要踏出城鎮，就會碰上怪物，要出遠門也沒那麼容易。於是人民都待在自己的城鎮內，沒有人想來住旅館。勇者一行人是旅館業界目前少數僅存的顧客，但因為最近不景氣的關係，連勇者都變得很吝嗇，**改用咒文瞬間移動回故鄉的村莊，免費住在老家，以節省住宿費**。旅館業界為了吸引更多客人上門，只好降價求售，使市場陷入通縮狀態。如果現在想投入旅館業，感覺不是好時機。

總之，現在沒有人想要和銀行借錢。

既然沒有人想要借錢，銀行就賺不了錢。「該怎麼辦才好呢？真讓人煩惱啊」於是 Gold 銀行決定——**先買些國債放著**。

DQ國用來防禦怪物的國防花費年年增加，但因為景氣低迷使稅收不足，只好發行國債。國債是國家的借據，對銀行來說是沒有風險、可以確實收到利息、能夠安心購買的商品。因此愛與信賴的 Gold 銀行每年都會購買很多國債，然後鎖在自己的金庫內。

以上是準備階段，接下來就是正式的量化寬鬆。

因為城鎮的經濟陷入停滯，使得城堡內的中央銀行部門決定要實施量化寬鬆政策，緊急大量印刷通貨 Gold，並命令愛與信賴的 Gold 銀行「**把你們手上有的國債都賣給城堡**」。於是中央銀行便一口氣買下所有 Gold 銀行持有的國債，並將印出來的大量 Gold 用於付款。

於是，Gold 銀行內的金庫從一大堆國債，變成了一大堆現金。

但 Gold 銀行又開始煩惱了。這些現金怎麼用呢？就算想用這些現金來買國債，城堡內的大臣卻惡狠狠地瞪著他們。

最後 Gold 銀行想到，「**既然沒辦法買國債，不如就把這些 Gold 貸給別人吧**」。反正 Gold 放著也是放著，不如讓其他人來有效運用這筆錢，至少還可以拿到利息。雖然這本來就是銀行該做的事。

不過，人們的惡魔心理並沒有改變，就算銀行想要把 Gold 貸給別人，也沒有人想要借。

這時候，持有過多現金的銀行會怎麼做呢？為了促進人民向銀行借款，銀行會**降低利率**。銀行會將利率降到**人們認為「借點錢應該也沒關係」的程度**。也就是說，銀行會把利率降到足以讓原本認為「白痴才會在這種未來不明的狀況下借錢做生意！」的人改變想法，認為「**什麼！利率居然降到那麼低了！**雖然不知道未來會發生什麼事……但是，**既然利率低到這種程度，不如就趁現在把旅館蓋起來！**」

當雪野夫先生下定決心要蓋一棟新的旅館而向銀行借錢，Gold 銀行就會將金庫裡的 Gold 釋出至市場。同樣的，特魯內克也會覺得，「既然利率那麼低，那我也要擴張武器店」，於是也向銀行借錢。唐奴拉的道具店、啊啊啊啊的賭場、庫璐璐的肚皮舞劇場等等，都會為了擴張店面而向銀行借錢。於是社會上的 Gold 量，即**貨幣供應量會增加**。

不管是新創事業、擴大業務、建造或改建新店面、購買原物料、雇用員工，都會讓金錢流入市場，活化經濟。

如果可以用低利率向銀行借到錢，就會開始有居民向銀行貸款買東西。雖然未來可能會有惡魔來襲，但那個「魔王的犯罪預告」也不過是個曖昧不明的東西。人們感到極度恐懼的時候，連枯萎的芒草都會看成幽靈；人們精神好的時候，記憶也會跟著美化。現在回想起來，那個魔王的預告一定只是**喜歡惡作劇的亨利王子做的好事**。於是，人們逐漸忘記魔王可能會來襲的風險，景氣逐漸回升，人們紛紛申請低利貸款，翻修建築、購買馬車。

於是，流入DQ國市場的 Gold 總量大幅增加，城鎮恢復了生氣，在量化寬鬆的「致命一擊」下，漂亮地擊退不景氣的陰霾。

以上就是量化寬鬆的過程。或許你會懷疑，實際上真的會那麼順利嗎？但至少，政治家們在實行這些政策時，確實相信著量化寬鬆可以達成理想結果。

促使金融機構增加持有的現金，引導利率下降，這就是公開市場操作的結果。如果能順利增加貸款量，還能發揮**貨幣擴張**的功效，而貨幣擴張能進一步提高貨幣供應量，使其超過日銀提供給 Gold 銀行的貨幣量。「貨幣擴張是什麼啊？」如果你有這樣的疑問，為了改善你的記憶力，請**多吃有抗氧化作用的堅果類食品**，並再讀一遍本書的第八章。

總而言之，量化寬鬆就是想要藉由增加錢的數量，促進金錢流動。

另外，日銀向金融機構購買國債（或其他有價證券）時，稱做**買債**（**Buying operation**）。另一方面，日銀有時也會為了減少貨幣供給量而賣出國債（或其他有價證券）給各金融機關，稱做**賣債**（Selling operation）＊。這兩者都屬於公開市場操作。量化寬鬆時，日銀會買債；欲抑制通膨、**緊縮貨幣**時，則會賣債。量化寬鬆（貨幣擴張）時，利率會下降；貨幣緊縮時，貨幣的量會減少，利率則會上升。請試著想想看，為什麼緊縮貨幣會造成利率上升，要是想像不出來，請多吃點堅果。

說到這個……來講點題外話吧。釋出金錢到市場時，可以刺激景氣。既然如此，勇者鬥惡龍中，**勇者搜刮民宅的行為**或許也可以說是另一種形式的量化寬鬆。

雖然每個玩家（也就是我們）的做法不同，不過在玩勇者鬥惡龍時，幾乎每個勇者在拜訪新的城鎮或村落時，都會**闖入每一個民宅、打開每一個櫃子、打破每一個木桶和陶壺、確認裡面有沒有錢或道具**。這可以說是一個習慣了。

這種行為乍看之下惡劣，不過當勇者從櫃子中拿出金錢後，就能拿這些錢來買東西；打破陶壺發現廉價道具後，就能把道具拿去道具店賣錢。這就是**「將藏在櫃子內的存款流入市面的行為」**。也就是說，勇者為了拯救陷入通縮心理的居民，喚醒了沉眠已久的金錢，讓停滯不動的 Gold 再度動了起來。

不只是民宅，勇者也會將城堡內整個翻過一遍。**將國王嚴密保管於寶物庫內的寶物搶過來**，賣給商人換錢。為了幫助國家脫離通縮陰影，捨棄了羞恥心和道德感，化為量化寬鬆之鬼神，這就是勇者……（只有我的勇者是這樣嗎？）

打破木桶或陶壺後，就必須再買一個新的。民宅和城堡也必須花錢裝新設備，防止勇者偷走他們的東西。這有助於市場上的金錢流通，應該也有**刺激經濟**的功效才對。小偷沒什麼大不了的，他們可是**能活化經濟、提高通膨率、提升居民生活水準的正義使者**。

除了量化寬鬆之外，另一種會在通縮時執行的景氣政策是財政擴張，下一章將繼續用勇者鬥惡龍的世界來說明。

*註：買債與賣債皆為日本特有說法，中文無對應詞。

19

財政擴張

經濟政策模擬狀況二，在勇者鬥惡龍的世界實行財政擴張！

執行貨幣政策（量化寬鬆）的是日銀，相對於此，**財政政策**（財政擴張）則是由政府主導的景氣政策。

稍微梳理一下用詞。「量化寬鬆」與「貨幣政策」以及「財政擴張」與「財政政策」分別有什麼不同呢？簡單來說，名字中有「政策」這兩個詞的，**通常包含了緊縮的意思***。

通縮、不景氣時，日銀與政府會執行量化寬鬆、財政擴張等政策；欲抑制通膨、景氣過熱時，則會執行量化緊縮與財政緊縮。前一章與本章所介紹的政策，都是刺激景氣時使用的政策。讀者可以自行思考看看，「經濟狀況相反時會發生什麼事」，這樣應該可以理解得更完整。

量化寬鬆與財政擴張是對抗通縮的兩大武器，是常見的景氣政策組合。**兩者分別都有一定的功能，不過當兩者一起使用，可以發揮出最大的效果**。

接著則來介紹財政擴張的機制。如同前一章，繼續拿DQ國當例子。

DQ國實行量化寬鬆後，愛與信賴的 Gold 銀行的利率下滑，促使許多野心勃勃的人們向銀行貸款，開始做新生意。雪野夫的旅館、特魯內克的武器店、唐奴拉的道具店、啊啊啊啊的賭場、庫璐璐的肚皮舞劇場等，全都開始營業。

但要讓客人上門，還差一步。

確實，國內各處紛紛開起了新的商店，國民似乎也逐漸恢復了生氣。但即便每個國民都各自努力，刺激經濟的效果仍相當有限。魔王的預告已被認定為亨利王子的惡作劇（雖然亨利王子本人在開庭時否認，卻仍被判了死刑），但國內還是有許多生活困苦、沒有工作的人民。光靠雪野夫、唐奴拉的店面，也沒辦法雇用所有失業者，所以整個社會可以發出來的薪資並不多。

---

*註：此為日語的情況，中文無此意義。

而且，一離開城鎮，就會碰上怪物。在這種環境下，很少有人會想要出門，更不用說跑到賭場或劇場等場所。如果沒有要出遠門，就不需要武器、防具，也不需要住宿。所以新開的店面也沒有客人光顧。

簡單來說，光是量化寬鬆仍無法拯救ＤＱ國的景氣。成長後的勇者受到重傷時，光是一發貝荷伊米（勇者鬥惡龍中的回復咒文）仍不足以補滿體力。同樣的，若國家經濟因不景氣而受了重傷，就需要**第二發貝荷伊米**才能恢復活力，而**第二發貝荷伊米就是財政擴張**。

此時ＤＱ國的ＫＰ（Keiki Point，景氣值）如同瀕臨死亡之勇者的ＨＰ（Heal Point）一般，在白色和紅色間擺盪。看到**國內經濟狀況一直無法拉起**，ＤＱ國政府便決定開始執行**大規模的財政擴張**。

財政擴張的內容是，**在北方森林建造新的城鎮**。

在ＤＱ國城堡北方有一個森林，穿越森林後可以抵達一個名為Zapan的城鎮。不過，穿過森林時還要應付路上的怪物，是一件相當麻煩的事，所以兩邊的居民很少往來。若能在森林內建造一個新城鎮，便可做為中繼地點，幫助兩邊交流。

當然，建立一個城鎮要花費相當龐大的預算。因此國家會發行國債，再用國債募集來的資金填補赤字。在現實經濟體系中，當通縮或不景氣發生，政府亦會採用財政擴張政策，借更多錢支應預算。而這也是日本的累積債務逐年增加的原因之一。不過理論上，未來景氣應該會回復、稅收應該會增加，所以就算現在債務增加也不成問題。

……那麼，要怎麼建設一個新城鎮呢？

無論如何，建設新城鎮都必須由硬體層面著手。砍樹、整地之後，才能建設房屋、道路和蓋公園。為了防止怪物闖入，也要蓋城牆。總之就是需要大規模的建設以及各種土木工程。於是DQ國向國內的大型工程公司說：「預算要多少有多少，多蓋點房子讓景氣回溫吧！」並發包給他們許多大工程。

要進行大型工程，自然需要許多建材。只靠森林的木材絕對不夠，所以工程公司必須從DQ國國內、Zapan鎮、其他鄰近地區調來建材。為方便建材搬運，工程公司還得鋪設城堡到城鎮、村莊到城鎮，以及城鎮到城鎮間的道路。原本河川上的吊橋，也要改建為堅固巨大的石橋。

因為通縮而長年萎靡不振的工程產業，在這次建造計畫中收到了大筆訂單，比其他產業更早復甦。卻也因為人手不足，緊急招募了許多勞工，並將許多工作轉包給其他相關公司。這項工程需要會鋸木頭、蓋橋、能運送建材的人，還需要會砌磚瓦、能幫忙警備的人。DQ國的勞工需求急速增加。

這項大工程開始之後，**城鎮中的雪野夫旅館生意也越來越好**。許多從遙遠村莊來找工作的勞工便投宿於此，每天從旅館出門上班。

旅館附近的特魯內克武器店、唐奴拉道具店也是人滿為患。因為只要涉及到工作，人們就不會講出「因為外面有怪物所以不想出門」的話。就像日本人不會說出「因為電車塞滿了人所以不想去上班」一樣。只要和工作有關，每個人都會變身成**企業戰士**。企業戰士追求的是「二十四小時都在戰鬥」的精神。就像可以一邊喝著能量飲料一邊加班的日本上班族一樣，**DQ**國的企業戰士只要帶著棍棒和藥草，就連通勤時都可以擊退怪物。要是把大木槌之類的怪物也帶到建築現場，還能讓他們幫忙打樁，建立起人與怪物間的友誼，解除彼此間的戰鬥關係。畢竟對大木槌來說，只要能夠揮動槌子，不管是槌什麼都行。

雖然有許多勞工聚集在新城鎮的預定地，而且他們也拿到許多工資，但建設中的城鎮裡沒地方可以花錢，於是人們紛紛來到附近的城鎮尋求娛樂。

啊啊啊在西邊的城鎮開了賭場；**Zapan** 鎮的鎮內有庫璐璐的肚皮舞劇場。比起賭博，更喜歡女色的勞工們紛紛來此玩樂。

沒買到劇場票的勞工們，則會被形跡可疑的皮條客帶到巷弄內的 **PAFUPAFU*店**，享受一些遊走在法律邊緣的服務，並大把大把地花錢。

陸續完成新城鎮的城牆、建築物等硬體層面後，接下來就要整備軟體層面。不管是娛樂還是城鎮，光只有硬體也沒辦法運作，軟體層面上也得做好準備。

城鎮需要旅館，需要武器店、防具店、道具店，於是國家開始招募欲租用店面開店的人。許多想創業的商人們接踵而至，向銀行借錢租下店面。營運已經上軌道的雪野夫旅館、唐奴拉道具店也開起了分店。

城鎮的營運上軌道後，就必須增加公務員的數量，以及維護治安的士兵。還需在城鎮門口安排一個說出「這裡是某某城鎮」的人。也要在尚未開放的出口安排一個人，當勇者想從這個出口離開，這個人要負責擋住出口，提醒勇者：「你要去哪裡呢？這個出口外的魔物很強喔！你們的等級還不夠吧？」另外，當勇者和屍體講話，需要有人說出：「毫無反應，就只是個屍體。」的旁白，所以要雇用許多職員。說到這個，應該不會有人以為在城鎮入口重覆說著：「這裡是某某城鎮。」的人是一般居民吧。他們一定是城鎮的公務員啦！想想看，哪有人會自願站在城鎮的一角，一直說著「這裡是某某城鎮」呢？而且他們不只白天會站在那裡，**晚上也會一直站在哪裡**。如果不是工作，根本不可能這樣做。

*註：日語「ばふぱふ」，為柔軟有彈力的意思。

總而言之，在城堡的財政擴張下，經濟起飛的浪潮從工程業界逐漸擴散開來，遍及各式各樣的職業。

甄選率大幅增加。不久前，在負責轉職的神殿內，只能選擇轉職為戰士與武道家等**風險很高的職業**，現在可以選擇的職業則大幅增加，從公務員到賭場發牌員，從日雇勞工到舞者，無數的職缺等著人們來應徵。轉職後雖然得從頭開始，但在前一個職業中學到的東西並不會忘記。職業多樣化之後，誕生了許多多才多藝、富有個性的勞工，像是**會詠唱爆炸咒文的日雇勞工、在握手會上撩粉絲的賢者**等等。

就這樣，ＤＱ國順利擊敗了通縮，世界恢復了和平，經濟也恢復強盛。

但沒過多久，那個聲音再次出現：「我名為大魔王佐瑪。哼！**看來你們順利打敗了通縮**。居然敗給人類，通縮真是魔王軍之恥！既然如此，**就由我親自把你們抓來當成祭品，讓世界籠罩在絕望中吧！」看來這並不是什麼惡作劇，而是貨真價實的大魔王**。隨後，大魔王將好不容易建成的城鎮全部燒毀，並毀滅了ＤＱ國，不過**這些都是後話了**。畢竟大規模開發也殺掉了不少怪物的性命、奪走了他們居住的地方，受到反撲也是理所當然的。

總之，先別管不盡如意的結局，財政擴張確實可以獲得理想的結果。

接著回到現實世界吧。

量化寬鬆和財政擴張的目的幾乎相同，都是希望「增加金錢在市場上的流通效率」。由政府主導建設道路、橋梁、大型建築，產生大規模的商品需求與勞動需求。勞工增加便能促使金錢流動。金錢流動便能刺激經濟、增加GDP、促進經濟成長。

當國家主導建設道路和公共設施（沒什麼用的蚊子館等等），常會有人批評「不要浪費錢」。但事實上，因為這是財政擴張政策，所以**就算是浪費也有其意義**。為了經濟而浪費並不算浪費喔，雖然這麼說有點強詞奪理。

前面曾提到，量化寬鬆和財政擴張也被稱做「凱因斯政策」。有如景氣政策之父的經濟學者凱因斯曾說過，**即使是挖一個山洞把黃金藏起來，再讓一群人去把黃金挖出來，這樣也算是一種景氣政策**（意譯）。

這句話的意思是，**只要能讓錢動起來，用什麼策略都可以**。當然，既然要鋪馬路、蓋房子，能夠有效運用這些建物是最好。不過就財政擴張而言，有時候比起「蓋出來的建築物」，「蓋建築物這件事」反而還比較重要，所以並不會因為蚊子館沒用，就不蓋蚊子館。

再重複一次，量化寬鬆和財政擴張都是安倍經濟學的組成要素，卻不是安倍經濟學獨創的政策。想必各位應該也記得在社會科課程中有看過「羅斯福總統在經濟大蕭條後實行『羅斯福新政（The New Deal）』，推動公共事業發展」。也有人說古埃及的金字塔建設，其實是為了創造就業而推動的公共事業。公共事業是財政擴張的核心，早在安倍經濟學以前，就有許多政府曾使用過這類景氣政策。

除此之外，我們實際上看到的「發放地區振興券」「育幼補助」等政策，可以說是「公共事業以外的財政擴張」。所以說，財政擴張不一定就等於公共事業。不過，關於「育幼補助能否振興景氣」，似乎還有討論的空間。因為篇幅的關係，這裡就不多談。

要說安倍經濟學有什麼特點，那就是斷言要**「將物價漲幅提升至二%」**這點。

也就是說，在達成二%通膨之前，都會一直量化寬鬆。當政府做出這種堅定宣言，民眾也會覺得「這次應該是玩真的」。若民眾這麼想，就會進一步認為：「應該要在物價還沒上漲之前先買好各種商品」，於是開始大量購物。通膨後，實質存款金額和借款金額就會降低，這麼一來，或許就會有人覺得：「與其存錢，不如把錢拿去花掉」「乾脆去貸款來買東西」。

祭出比平時更激烈的景氣政策，為了引起民眾的注意而說出明確的數字，表現出**認真的態度**，這可以說是安倍經濟學的特徵。

不過，現實畢竟不是勇者鬥惡龍的世界，景氣政策也不會像理論上那麼順利。

20 經濟政策的現實與安倍經濟學❶

感覺我會被I田N夫老師（假名）痛罵笨蛋、呆子。

前兩章中，我們用虛構情境介紹了量化寬鬆與財政擴張等手段是如何運作，以及理論上的結果。

知道方法和目標之後，驗證「現實中的成效如何」便成了一件很重要的事。

話說回來，不管是哪個領域，教科書的內容大致上都是對的，也都很重要，但要實踐時，常會發生意料之外的事，沒辦法像教科書上寫的那麼順利。

我國中的時候，英語教科書中有這樣的例句「Nancy is taller than John.（南西比約翰還要高）」，我也把這個句型練得相當熟練。要是有一天真要和美國人對話，我一定要在對話中巧妙地插入這句話，讓土生土長的美國人嚇一大跳。讓他們說出：「沒想到日本人居然能把這句話發揮得如此淋漓盡致。看來他們早已不是被我們的黑船*嚇得慌張失措地三流武士了！美國為什麼要和那麼恐怖的國家競爭呢！Yes, you can! Japan is number one!」的話。

然而時間卻在不知不覺中迅速流逝，回過神時，少年已長成大人。

成人之後，我不只去了美國，以英語圈為中心，我在兩年內還去過了許多國家。

讓我驚訝的是，沒想到……居然**完全沒有用到「Nancy is taller than John.」的機會**。在這兩年內，我每一天都會用到英語，**每一天都虎視眈眈地等待著機會，卻完全等不到說出「Nancy is taller than John.」這句話的機會。**這句話在教科書中明明是很重要的例句。

但仔細想想也沒錯啦。因為現實中**一看就知道**「南西比約翰還要高」。以前我住在青年旅館時，還真的碰過叫做南西和約翰的人。畢竟來自美國的旅客到處都是，不過就算看到約翰比較矮、南西比較高，也不會說出「Nancy is taller than John.」。**一般絕對不可能把身高拿來當話題。相反的，還會儘可能避免談到身高，而是聊當地美食、推薦的觀光景點等等，和身高幾乎沒有關係的主題，才不會在對話中踩到別人的地雷。這才是全球化時代的大人。**

結果，教科書中的例句，終究只是為了考試而寫出來的例句。**實際上使用的英文會話則是另一個問題。**

讓我們來談談景氣政策的主題吧。

本書也接近尾聲了，頁數好像不太夠用呢。讓我們認真來談談經濟的話題。

如果在現實中施行量化寬鬆和財政擴張，會發生什麼事呢？照著教科書說的步驟去做，就能得到書上的結果嗎？這些政策真的有辦法改善經濟嗎？

歷史上曾有許多政府實施過改善景氣的政策，安倍經濟學就是其中之一。至二〇一八年時，安倍經濟學已實施了五年以上，其成效如何呢？

雖然我們很想認真檢視安倍經濟學的成果。但該檢視的東西實在太多了。譬如日經指數增為兩倍、日圓貶了四十圓以上、失業率減少了二％、相當接近完全就業。這些數字顯示安倍經濟學進行得很順利。

但另一方面，五年之後，通膨率並沒有如預期般達到二％的目標。只有二〇一四年的通膨率達到了二％（因為提高了消費稅），二〇一五年約為〇．八％，二〇一六年為〇．一％，二〇一七年為〇．四％。雖然目前還不曉得會如何變動，但以現狀來看，和政府、日銀

＊註：一八五三年，美國艦隊駛入日本逼迫開港。

的目標——「持續性的二%通膨」似乎還有很長一段距離。……若有人要批評安倍經濟學，就會拿以上數字來做佐證。

所以說，光從這些數字來看，**還是不曉得景氣政策到底有沒有效果**。

雖然目前沒有二%的通膨，但這不表示安倍經濟學一定是失敗的。失業率常用來衡量景氣，而既然失業率下降了，就表示今後物價很有可能會快速上升，要是從三年後起的十年內都有二%通膨，就能說出：**「雖然花了不少時間，但安倍經濟學成功了」**。但如果說安倍經濟學成功了，也是會有人批評：**「都過五年了，還是完全沒達到通膨目標不是嗎！」**

「景氣畢竟還是個人感覺的問題」，回到這個原點，對於那些因為股票大漲而獲利的投資人、因日圓貶值而受惠的外銷產業、因小型泡沫經濟而人手不足工程業界來說，景氣確實變得很好，安倍經濟學大成功。不過，有些黑心企業並沒有受惠於公共事業的擴張、有些勞工仍在黑心企業長時間工作、有些公司因日圓貶值使進口商品漲價而苦不堪言、有些人沒什麼特殊理由，就是單純覺得生活過不下去。對他們來說，安倍經濟學毫無疑問是失敗的。

所以說，**要是沒有一個重置按鈕**，就沒辦法正確、客觀地判斷安倍經濟學「是成功還是失敗」。

如果是在DQ國，還可以去教會存檔。所以政府可以先實施大規模景氣政策，看看民眾的反應如何，然後按下重置按鈕，從之前存檔的地方重新開始，但這次則**完全不實施任何景氣政策**。比較、分析兩種情境下的經濟狀況，便能客觀地判斷「怎麼做比較好」。不過如果是DQ國，不管怎麼做，城鎮都會被魔王摧毀。

安倍經濟學也一樣，要是沒有按下重置按鈕回到二〇一二年，親眼見證**沒有政黨輪替的日本**（沒有實施安倍經濟學的日本）會如何發展，就沒辦法做出公正的判斷。

話說回來，請仔細回想。

金字塔是四千年前的公共建設，但這項建設對古埃及的經濟究竟有沒有幫助呢？有人能百分之百斷言有幫助或沒幫助嗎？

我們可以說：「建造金字塔耗費了許多國家資源，使古埃及國力衰退，越來越弱小，最終成為羅馬帝國的屬國」，引導他人往失敗的方向思考；也可以說：「金字塔這項公共建設幫助國王掌握民心，使埃及成為了一個強盛的王國，直到被羅馬帝國支配」，引導他人往成功的方向思考。就算考古學家、歷史學家等學者們的意見達成一致，要是沒有重置按鈕讓我們能回到過去，觀察「沒有蓋出金字塔的埃及會是什麼樣子」，就沒辦法確定蓋金字塔對古埃及的經濟是否有幫助。

我也希望自己有能力判斷安倍經濟學是否成功，「到底誰說的是對的？」「哪一邊的意見占優勢？」

雖然我是這麼希望，但經濟學者、經濟評論員等老師們——也就是靠經濟學吃飯的專業人士們，他們在書上、社群網站，或是電視上的發言可以說是**各說各話**。可能有個H老師會在網路上寫道：「政府公布了第一季的經濟指標。以此對照Y大學的經濟學者E在條件O的情況下畫出來的P曲線，可以知道經濟政策確實有發揮效果」。原來如此，不愧是H老師，真有說服力。但可能又會有個I老師提出：**「Z大學的經濟學者F早就用R理論的S效果否定了條件O。你連這個都不知道嗎？像H這種笨蛋最好再回去多讀點書吧！」**之類的**激烈反駁**。但我也只能一邊想著：「用詞也太激烈了，**我知道I老師您的頭腦很好啦，但說明方式實在太激烈了，好像沒有什麼實際的內容耶……**」一邊嚇得發抖。

連研究經濟好幾十年的專家都被批評得那麼慘，不是專家的人就更不敢表達意見了。一般人在評論安倍經濟學時，大都不是真的在討論經濟問題，而是變成在討論「喜不喜歡安倍總理」。喜歡安倍總理的人，為了強調安倍經濟學的成果，會秀出股價和甄選率的資料，對大家說「你看吧」；討厭安倍總理的人則會拿出通膨率和非正式雇用者的比例，對大家說「這才是真相」。

兩邊拿出來的資料都是正確資料，沒有造假。他們會一邊拿著資料，一邊說：「你看這裡和這裡，因為這樣這樣才會那樣那樣不是嗎！」而且兩邊說的都是對的。但就算一直討論下去，也得不到結論，只是一直在空轉，然後言詞逐漸變得粗魯，**最後演變成互罵。**現在網路上這種情況隨處可見。

若要評論景氣政策是否真的有效，我們只能一一列出各個指標，譬如「股價：○ or ×」「平均薪資：○ or ×」「物價指數：○ or ×」，一一檢視每個項目是○還是×。從某些指標來看，是有順利達成目標，但從另一些指標來看則否。

身為經濟素人的我，實在是沒什麼資格來評論安倍經濟學是否成功。與其說沒什麼資格，不如說是我不敢亂評論。I田N夫老師看到這本書後，感覺很有可能會在社群軟體上不留情面地大罵我是笨蛋白痴，留下：**「現在連笨蛋都可以出書講經濟嗎？這種笨蛋居然沒被書店淘汰，這就是出版業界劣化的證據」**這樣的留言。年紀大了之後，大家都會變得比較急躁呢。

……不過，我想我應該還是能對安倍經濟學說一句綜合性的評價。

至少，日本的景氣政策結果並沒有**像教科書說的那樣**。也就是說，這些景氣政策雖然有一定的效果，卻沒有達到理想中的成果。畢竟一開始斷言要做到的通膨目標，最後並沒有達成。如果要為安倍經濟學打分數，完全沒達到目標是零分、完成所有目標是一〇〇分，現在大概是五十分左右吧。但我想也有人會想爭論到底是五十分、二十分，還是八十分。

那麼，為什麼景氣對策的結果會不如預期呢？和ＤＱ國的大成功相比，現實世界中，通往目標的道路上有什麼樣的阻礙呢？

下一章將繼續討論。

21 經濟政策的現實與安倍經濟學❷

現代社會就像讓病人邊吃正露丸邊浣腸，
也像是在好不容易救活太郎後勒緊他的脖子。這是在搞笑嗎？

世界上的各種事件……如果是發生之後才回過頭來說：「是某某原因造成了這個結果」「那個原因是怎樣怎樣」，總會讓人有種**事後諸葛**的感覺。

我在印度旅行時，曾有一個**自稱是賽巴巴（Sathya Sai Baba）大弟子的著名占卜師**說可以看到我的過去。據說這位上師可以「猜到占卜對象九成的過去」。因為能力很強，所以價格相對昂貴，是一個很有名的詐欺……值得尊敬的聖者。

這位聖者看到我的手相後，自信滿滿地對我說：「**在你二十五到二十九歲之間，是不是有一位論及婚嫁的女性呢？**」

雖然上師自信滿滿地說出這句話，但事實上並沒有這個人。這段期間內的我，並沒有什麼論及婚嫁的對象（藝人除外喔）。我有時候確實會認真地妄想：「如果和深田恭子結婚，新婚旅行要去哪裡」「如果和長澤雅美共組家庭，在家裡要怎麼稱呼彼此」。如果這也算在內，我確實也是有「論及婚嫁的對象」沒錯啦。不過，明明只是宅宅的妄想而已，這樣也可以算是「論及婚嫁」嗎？

總之我還是實話跟上師說：「可惜的是，在我那個年紀時，並沒有論及婚嫁的對象」。就算是上師，偶爾還是會出錯嘛。上師千慮，必有一失。

我以為上師聽到我說「您猜錯囉」時，可能會有點失望。沒想到上師居然又自信滿滿地對我說：「那個時期對你來說是最好的結婚機會！手相也是這麼說的啊。你錯過結婚的最佳機會了，真是可惜。」

你根本就是在唬爛！為什麼你明明猜錯了，還擺出那種自以為是的態度，還有一副「你看吧，就和我說的一樣」的樣子，好像自己有多厲害一樣。真是有夠隨便的正向思考，看來他應該是把這種情況也算成是猜對，所以猜對率才會是九成。你這傢伙還不快把錢還來！

也就是說呢，如果當事後諸葛，評論「這是個好政策」「這是個爛政策」，就**只是在隨**

便找理由而已。

為什麼我要講這個故事呢?因為接下來我要講**消費稅**。

日本在二〇一〇年代的景氣政策——安倍經濟學沒達到理想的結果，許多人認為主要原因出在**「增加消費稅」**。

真的有很多經濟評論家、經濟學者認為「不應該做這件事」。在我學過一點經濟之後，也覺得這有些莫名其妙。為什麼在刺激景氣的同時，還要增稅呢?

增稅比較常出現在寬鬆政策還是緊縮政策呢?答案是**緊縮政策**。當通膨率過高，政府會以增稅等財政政策來抑制景氣過熱。因為增稅是**政府從市場中吸納金錢的行為**。

試想，當政府想消除通縮和不景氣，必須「促進市場上的金錢流動」，所以才會施行量化寬鬆、財政擴張等政策。人們手上的錢增加，增加的錢流入市場，這樣才能增加貨幣供應量和對商品的需求，活化經濟。

但如果政府增加消費稅，就表示**「可以用的錢」中，有幾%會被政府沒收**。假設有個人身上有一一〇萬日圓，在消費稅率五%時出門買東西，那麼他最多可以買到不含稅的價值為一〇四萬七六一九日圓的商品。但如果消費稅漲到八%，可用金額就會降到一〇一萬八五一八日圓;漲到十%，就只能買到不含稅為一〇〇萬日圓的商品了。消費稅越多，在市場上流通的錢就越少。

而且，增稅三%不代表營業額只影響三%。有些人可能會產生：「好想要一台新的電視啊，但這樣就要多繳三%的稅給政府耶，**還是不要買好了**」的想法。也就是說，增稅可能會**從根本上抑制民眾的消費**。

二〇一三年，安倍經濟學華麗登場。二〇一四年，消費稅卻從五%增加到八%。兩者可以說是互相矛盾的行為。通縮使市場陷入通貨不足的窘境，政府為了通縮問題而實行寬鬆政策，把錢大把大把撒進市場，希望能讓市場回復生氣；但另一方面卻用消費稅來緊縮市場。這就像是在拯救因溺水而陷入缺氧昏迷狀態的太郎時，給他氧氣瓶，讓他吸入大量氧氣。等到太郎好不容易開始正常呼吸之後，卻**又從後方用力勒緊他的脖子**，阻止他呼吸。這會讓太郎覺得很混亂：「**現在是要救活我，還是要讓我死呢？**」於是，太郎因**為覺得恐怖而不敢大口呼吸，只敢一點一點地吸進氧氣**。

除此之外還有很多種比喻方式。譬如有些書會形容這是「一腳踩油門，一腳踩煞車」。由於政府在大把大把往市場撒錢的同時，也在努力把這些錢吸納回來，所以也有人形容這是**「往浴缸注入熱水，卻拔掉了浴缸的塞子」**。也有人因為這是「在寬鬆的同時緊縮」，所以形容是**在浣腸的同時吃正露丸**。

無論是哪種比喻，都是在說明同時進行的政策彼此矛盾。由這些比喻，應該可以明白這樣的政策有多奇怪。

說到這個，前一章中我們也有提到，每個專家對於「安倍經濟學是否成功」都有不同的意見。其中，某些認為「沒有成功」的老師們，對於消費稅卻有不一樣的評論。

他們說：「就是因為消費稅，才讓景氣政策那麼失敗」。聽起來就像是**占卜沒說中時，占卜師編出來搪塞的理由**。唉呀，真是太可惜了，本來安倍經濟學應該會是日本經濟復甦的大好機會才對，卻因為增加消費稅而讓日本錯失了這個大好機會。這不就像是前面提到的那位印度占卜師為自己找的一堆理由嗎？增稅確實會造成暫時性的消費衰退，但如果五年後經濟還是未見起色，就完全是景氣政策的問題了不是嗎！不要把責任推給消費稅！

最讓人感到悲傷的是，我們**沒辦法驗證**到底誰說的對。這表示，以「沒有增稅」為前題的推論，都只是假設性的空想而已。除非未來出現大好或大壞的結果，譬如五年內日本全境貧民窟化，或者是日本人（包括嬰兒）占據了全世界前一億兩千萬年輕的名額，我們才有辦法客觀評論安倍經濟學是好是壞。

總而言之，很難用簡單幾句話來說明增加消費稅會帶來什麼樣的結果。

以下讓我們再換個話題吧。

事實上，除了消費稅增稅，許多人認為還有某個東西也「妨礙了景氣政策」。這個東西就是**通縮心理**。

就算實行量化寬鬆政策，借錢的人還是不多。就算實行財政政策，國民消費還是沒有增加。這都是因為**通縮心理在作祟**。

量化寬鬆不是從安倍經濟學開始的。日本從泡沫經濟崩潰之後，為了重建經濟，一直有在實行零利率、量化寬鬆等政策，為了增加貨幣供應量而持續調低利率。不過，**不管再怎麼調低利率，借錢的人和企業仍然不多**。

在經濟學的理論中，每個人都是理性的經濟人，所以看到利率下降時，都會覺得：「咦，利率下降了！**那現在不就是借錢創業的好時機嗎！得快點去銀行借錢才行。**」並趕往銀行。**不過現實中的人類一點都不理性**，許多人反而覺得：「咦，利率下降了！但感覺現在創業也賺不到錢啊……。還是別去借錢好了」。現實中的人們常會陷入極端負面思考。

沒錯，在每個人背後操控著人們心理的幕後黑手，就是通縮心理。通縮心理十分討厭「幹勁」和「精神」。當它看到有幹勁的人，就會在他們耳邊悄悄說：「你再怎麼努力也沒用啦！就算創業，也不可能贏過其他人。為什麼要參加這種必敗的比賽呢？」在鼓起幹勁前，就讓他們打退堂鼓。

這時候要是有安東尼奥・豬木（日本職業摔角選手）在就好了。豬木先生就是幹勁、精神的化身，也是通縮心理的天敵。**「幹勁」「精神」「豬木」**根本就是同義詞（並不是）！如果是豬木先生，一定會像**一九九〇年二月十日的賽前訪問**一樣，全力喝斥那些受通縮心理影響而一直負面思考的人們：**「你是笨蛋嗎！怎麼會在比賽前就想著輸了要怎麼辦呢！你給我過來！啪（搧耳光）！」**（被搧耳光的朝日電視記者**因頸部揮鞭症而住院**）讓通縮心理一哄而散。

要不是現在的人們一直說體罰不好，還真想讓豬木先生打一下，注入鬥魂。

結果，最後還是回到了「景氣取決於人們的感覺」這個原點。

什麼時候人們會想要花錢呢？大概是想要慶祝些什麼時候，或是**感覺到未來一片光明**的時候吧。就算是平時過著簡樸生活的節儉家庭，在碰上好友結婚、女兒生小孩等值得慶祝的事時，也會欣然獻上豐厚的禮金吧。

或許有些人會想說：「我們家那個吝嗇爺爺在我結婚時只有給我一〇〇〇日圓喔。那個吝嗇爺爺在該慶祝的時候也很吝嗇」我想這應該只是因為**吝嗇的爺爺認為你結婚並不是什麼值得慶祝的事**。想讓吝嗇爺爺拿出錢的話，就要想辦法讓吝嗇爺爺認為「這很值得慶祝」「未來一片光明」。只要他心中產生這種想法，就會拿錢出來了。

譬如說，你可以試著興奮地跟他說「我只告訴爺爺你一個人喔。我有聽到一個內線消息說一檔未上市股票確定會漲價，我保證投資報酬率絕對高達八十％，但是明天就截止認購了，爺爺您覺得如何呢？」聽你這樣一講，就算是吝嗇的爺爺，或許也會解約他的定期存款，把他的老本交給你投資。雖然這是詐欺。

由此看來，若想打倒通縮心理，就必須讓人民覺得「未來一片光明」才行（但不能用詐欺的方法）。但以現在的日本來說，大多數國民都不覺得現在的日本有什麼值得慶祝的事，也不覺得未來會過得比較好，整個國家感受不到任何一點快樂。

日本就這樣，一直沉浸在沉重的氣氛中。

奧運或許是一個能讓人興奮起來的活動。當然，也是有些人對於體育、祭典之類的東西不感興趣，不過，對於大多數日本國民來說，「某個可以讓所有人一起大鬧一場的活動」或許就是目前大家最想要的東西，而奧運便很符合這個條件。我是說有這個可能啦。畢竟奧運是四年才舉行一次的世界級活動。

不過，在宣布這個盛大的活動睽違五十六年，再度於日本舉辦時，各主要媒體又是怎麼報導日本人民感受的呢？「預算要三兆日圓？日本政府明明已經有一大堆債務了，為什麼還要這麼浪費！只能說根本是一群**廢物！**」「喂，那個標誌是盜用別人的吧！你看，搜尋一下就可以找到相似的圖案！這次奧運實在太爛了，乾脆別辦啦！」「新國立競技場的設計也太爛了吧，看起來就像殘廢的烏龜一樣。要是叫吉米・大西*來做，絕對可以做得更好吧？（廣播室大爆笑）」「以志工為名，強迫國民長時間工作，這個日本政府也太爛了吧！（兩萬轉發）」。

一點都興奮不起來。

到底是為什麼呢？明明奧運是一個很大的活動，睽違半世紀再次於日本舉辦，為什麼**只聽到一堆人唱衰呢？**

上次舉辦東京奧運的時候，氣氛也是這樣嗎？在《Always 幸福的三丁目》中，每個人都很有活力，每個人都很期待這個國民活動的到來不是嗎？雖然這是電影。

因為要花到人民的稅金，所以錢的用途必須追究清楚。奧運之所以會被看衰，部分是因為自做自受，部分是因為運氣不好，但無論如何，總是會被別人用嚴格的標準檢視，防止奧運衍生出各種問題。

*註：日本搞笑藝人兼畫家，作品以色彩豐富、超現實聞名。

不過，追究預算用途的同時，將同等的……不，將更多讓人興奮的部分傳達給人民不是更好嗎？辦奧運的過程中，對經濟有正面效果，也有負面效果。不過既然都決定要辦了，不是更應該要盡可能發揮出正面效果才對嗎？因為不管是正面效果還是負面效果，承受的都是我們國民自己啊。但以目前的「奧運氣氛」來說，讓人有種**「連自己人都在唱衰奧運正面效果」**。就算花了三兆日圓，日本還是籠罩在陰暗的氣氛中。

我認為這樣的氣氛，就象徵著通縮心理。不只是奧運，只要舉辦什麼活動，就會有人想要扯後腿，就會有人想要將黑暗面誇張化，大喊著「這個很爛」「那個也很爛」，四處散播負面情緒，直到地震或颱風來襲還在講。感覺他們**一輩子和**「這讓人越來越興奮了呢！開始來大把大把花錢」**的模樣無緣**。

我認為，對日本經濟來說，比起技術上的景氣政策，最重要的或許是樂觀的氣氛。

22

價格的相對性

壽喜燒便當和女僕咖啡廳的價格一直都沒變，
但有時覺得很貴，有時卻會覺得便宜。

前面講到許多總體經濟學的主題……包括政府、中央銀行所實行的大規模經濟政策等等。接下來的幾章中，會把焦點放在我們的周遭，來談**行為經濟學**。

一九九〇年代起，行為經濟學的研究開始盛行起來。行為經濟學這門學問整合了經濟學與心理學，將焦點放在經濟行為與心理活動間的關係。與其說明文字上的定義，直接舉一個例子來說明會更快。以下，馬上就進入本章的主題**「價格的相對性」**。

提問！你覺得「七二〇日圓的壽喜燒便當」是貴還是便宜呢？

沒錯。七二〇日圓的壽喜燒便當，究竟是貴還是便宜，實在**無法輕易論斷**。

這是當然的。因為我們並沒有提到便當裡面有哪些料。同樣是壽喜燒，材料不同，價值也會不一樣。如果是用松阪牛或飛驒牛的肉，便當的價格自然會比較高。如果不是用名牌和牛，而是用海牛的肉來做，就應該通報相關單位，把這些獵捕野生動物的人抓起來。

要是沒有這些詳細資訊，只有一句「七二〇日圓的壽喜燒便當」，根本無法判斷便當的價值。

再多加一句說明吧。如果這個壽喜燒便當堆旁貼了一張海報，寫著**「開店一周年紀念特賣本日限定！一四四〇日圓↓七二〇日圓」**。那麼你覺得這個七二〇日圓的壽喜燒便當貴還是便宜呢？

現在這個便當看起來便宜多了對吧？光看「七二〇日圓」實在不大容易判斷貴不貴，不過再加上「原價一四四〇日圓，現在只要半價七二〇日圓」，我們就會覺得「便宜」。

也就是說，我們在判斷「某個商品是便宜還是貴」的時候，不會只從這個商品的價格來判斷。多數情況下，會拿這個商品和其他商品比較，並以其他商品的價格做為基準，判斷這個商品的價格是便宜是貴。也就是說，**與其他商品的比較結果，會影響我們對一個商品的印象**。這就是「價格的相對性」。

價格的相對性！

舉例來說，看到一個「六萬日圓的包包」時，大部分男性應該會覺得「太貴了吧」。這是因為，一般男生拿的包包都比這個價格還要低很多。男性……或許一半以上的女性也是，都會以「自己擁有的包包為基準」，判斷六萬日圓的包包是便宜還是貴。

但如果是在銀座工作的一流女公關又如何呢？她們平常拿的都是數十萬日圓的GUCCI或PRADA，不，她們就算拿數百萬日圓的包包也不奇怪。六萬日圓的包包對她們來說就是個**廉價品**而已。對於一流女公關來說，六萬日圓的包包差不多就像「銀行送的廉價原子筆」一樣。沒錯，我們這種一般勞工，**工作一週的薪水也買不到一流女公關手上的廉價品**。我現在的房租也差不多是這個價錢，難道我是住在一個廉價品裡面嗎？

到國外時會發現，這種價格的相對性，在通貨單位改變的時候會特別顯著。我去過的國家中，大部分都是物價便宜的開發中國家（畢竟是住在廉價品裡面）。熟悉當地環境後，購買商品或服務時，也會以該國其他商品或物價為基準，判斷這個商品或服務「便宜或昂貴」。

簡單來說，就是對金錢的感覺會當地化。譬如說「Discount, please！阿姨拜託啦，再便宜十泰銖好嗎？我都說我要買了——。咦？只能再便宜五泰銖？**怎麼那麼小氣啊！**妳明明都給本地客人那麼多折扣。因為我是外國人所以算特別貴嗎！我不想再吵了，要是再不給我便宜五泰銖，我就去別家店買。我要走了，要拉住我只能趁現在喔。**對不起啦（淚）！我不會走啦！我不會去其他店買啦！因為我真的很想要那個大象的錢包！我會買的啦，但是可以再便宜五泰銖給我嗎！才五泰銖，別那麼小氣，不降價我就要哭囉**」等等。到國外時就會看到這種，**一個大人為了僅僅三十日圓的價差而在地上滾來滾去、大哭哀號**的景象。

畢竟國外的生活費很便宜，相較於日本，三十日圓在亞洲其他國家算是還蠻大的金額。之後回到日本，想起了這件事時，總會覺得：「為什麼我那時候會為了三十日圓而捨棄做為人的尊嚴呢？**才三十日圓，只要工作一分鐘多一點就可以賺到了**。我為了計較那一分鐘的薪水，卻浪費了旅行時寶貴的二十分鐘，實在是太虧了啊」，實在讓人後悔又羞恥，很想撞牆來消除記憶。

回到日本之後，就會改用日本的物價來判斷商品的價格了，這時候的十泰銖根本就只是蠅頭小錢（很不禮貌的說法）而已。但在窮遊的時候，有十泰銖就可以吃一餐，就算是蠅頭小錢，也有一定的價值。

關於旅行，我還有一個經驗可以當做例子。我在國外流浪時，偶爾會突然很想吃日本的食物。當我實在忍不住這種衝動，就會前往市區的和食餐廳覓食，但其中的價格卻很驚人。一碗烏龍麵要二〇〇泰銖、照燒雞肉定食要三五〇泰銖、一杯烏龍茶要五十泰銖之類的。

這種時候，我的反應是：「照燒雞肉居然要三五〇泰銖！這也太貴了！……不過三五〇泰銖**換算成日圓也差不多就一〇〇〇日圓左右**吧。反正外食一〇〇〇日圓在日本也不算什麼，想像自己在日本，就不會覺得這個價錢有多貴了。好，那就給我一份照燒雞肉定食跟一杯烏龍茶！烏龍茶要五十泰銖？**五十泰銖差不多就是一五〇日圓而已，便宜啦！**」……像這樣**在腦中將商品的價格換算成日圓，再和日本的物價比較**。雖然用當地的物價來看有點貴，但換算成日圓後，比較基準就變成了日本的物價，比較後就會覺得「好像也沒多貴」。要是剛才那個土產店的阿姨知道我可以在腦內轉換成日本物價，一定會憤怒地吐槽我：**「那五泰**

銖也沒多少，付一下會死！」

另外，我認為「以其他商品的價格為基準，判斷一項商品的相對價格高低」這種價格相對性，並不只是經濟行為，也是判斷所有物品價值的方法。除了可以寫成數字的價格，在判斷「任何事物的價值」時，我們都會拿它和周圍事物相比，藉此判斷其相對價值。

拿自己的經驗來說好像有點武斷，不過下面這個例子確實是我生活中很常見的情景。

秋葉原唐吉訶德所在的大樓，也是ＡＫＢ48劇場的所在之處。想必很多人應該都知道，ＡＫＢ48劇場內，幾乎每天都有ＡＫＢ48的公演。觀眾席和劇場離得很近，站在那麼近的地方欣賞頂級偶像的表演，真的很震撼喔。

公演結束後，觀眾會搭著劇場的電扶梯一層層往下抵達一樓，然後離開大樓。在出口的正前方，則有好幾位女僕咖啡廳的女僕們在拉客。

此時的我，便感受到了明顯的價值相對性。

這些女僕們的目的明顯是在拉客。因為**有二五〇位剛看完ＡＫＢ公演的宅宅**一起走了出來。於是她們投其所好地穿著可愛的制服，和這些哥哥、叔叔們搭話，希望他們在看完ＡＫＢ的表演後，也能到店裡坐坐。她們的目的十分清楚。

但我覺得，這應該會有反效果。

因為我們剛走出大樓，五分鐘前才欣賞過全日本最頂級的偶像表演喔。試鏡時，以超過一千倍的超高倍率篩選後，還得撐過牧野安娜老師和菅井秀憲老師的超嚴格訓練，並以偶像的身分在許多場表演中累積經驗、在隊伍內的競爭中脫穎而出，才能一直站在舞台上。這些被選上的少女們，**可以說是全世界最頂尖的「制服風美少女」**。而我們這些宅宅才剛看完了她們長達兩小時的表演。

這種情況下再看到女僕咖啡廳的女孩子們，就會覺得她們看起來顯得廉價許多。

當然，女僕咖啡廳的女僕小姐們也很可愛喔！光是年輕女孩穿著可愛的制服，就有著人間國寶紫綬褒章重要無形文化財等級的價值。她們治癒地球的能力是我們這些大叔的七兆倍左右。多麼神聖的姿態啊！簡直比神還要神聖。不過，**我們才剛看過「世界頂尖的制服風美少女」兩小時表演喔。我們心中的美少女正在通膨！對美少女的標準也變得非常高！**

不過呢，**畢竟我對偶像的知識沒有說很了解，所以也不敢說自己很懂啦（還在嘴硬）。**

我們在判斷一個東西的價格或價值是多少時，都會和其他東西比較，以得到相對高低。判斷商品的價格和人的價值時，我們不是以其本身性質為基準做判斷，而是以其他事物為基準做判斷，這點可能讓人覺得有些無法接受。

但也正因為人類有這個習性，所以我們可以利用這種習性，**將人們心中所想的價值往反方向引導**。行為經濟學上定義這種方法為**誘餌效應**。

當我們對某個東西的價值已有既定印象，**將另一個做為誘餌、不同價值的東西**擺在旁邊，便可藉由價格相對性擾亂人們對價值的判斷，這就是誘餌效應。

讓我們試著為本章開頭提到的七二〇日圓壽喜燒便當加上誘餌。

假設現在壽喜燒便當的貨架上貼著「開店一周年紀念特賣 本日限定！一四四〇日圓↓七二〇日圓」的海報。我們看到這張海報時，會覺得七二〇日圓很便宜。那麼，如果把海報的內容換成**「因牛肉價格飛張，壽喜燒便當價格調整如下：三六〇日圓↓七二〇日圓」**，又如何呢？

此時，客人進店內買便當看到這張海報時，就會覺得七二〇日圓的壽喜燒便當偏貴。先不管海報內容是否為事實，同樣是「七二〇日圓的壽喜燒便當」，不同的海報卻會讓人對價格產生不同的印象。當然，這個例子中為顧客洗腦的海報就是所謂的「誘餌」。

因為頁數不夠了，所以本章就到此為止，下一章中我們會再多講幾個誘餌效應的實例。

23

金錢與道德

說出「約會的錢本來就是要男生出啊」這種話的女性，可能會碰上危險。

「誘餌效應」是行為經濟學定義的名詞，不過從很久以前起，人們就懂得如何利用這個現象。

一直用同樣的例子好像有點偷懶，不過這裡還是要用那個大家熟悉的例子。

「我想去泰姬瑪哈陵，請問車費多少呢？」

「三○○盧比。」

「太貴了吧！拜託便宜一點啦，Please！」

「喂喂，因為你是日本人，才給你三○○盧比的優惠價喔！平常會更貴。」

「咦？真的嗎！那就三○○盧比……**你以為我會這樣講嗎！You are a liar! Very expen-**

sive, Just do more **降價！**」

「你很吵耶，不然這樣好了，這次就算你二九五盧比吧。」

「Noooooo!! It's not 降價！反正到了那裡之後，你一定又會說『唉呀糟糕了，我沒零錢耶！不找你錢可以嗎？』這種話對吧（事實上我確實有遇到過）。價格再降低一點啦！看在日印友好上，給我特別 discount 啦！」

這個例子中，駕駛一開始之所以會說出「三〇〇盧比」這種價格，就是因為他在無意識間應用到了誘餌效應。

三〇〇盧比固然貴得不像話。但當對方一開始就說出這種貴得不合理的價格，交涉時「價格高低的基準」（雖然是個不合理的基準）就確定下來了。假設雙方「在激烈的交涉後，同意最終價格為一〇〇盧比」。這時候，一開始被三〇〇盧比這個誘餌要得團團轉的旅行者，就會沉浸在「我成功殺了二〇〇盧比！只有他一開始喊價的三分之一耶！駕駛先生，碰到我這種身經百戰的旅人算你倒楣啦！」的勝利感中；另一方面，駕駛表面上會對旅人說「你很會交涉耶！敗給你了啦」並露出無奈的比情，心裡卻想著：**「行情明明是四十盧比，你花的錢是正常價格的兩倍啊，還笑得那麼開心。」**

如果你是當地人，就會以當地的行情做為「價格相對性」的基準。但旅行者並不曉得當地的行情是多少，所以很容易把「價格特別高的誘餌」當成價格相對性的基準。如果是印度人力車，除了誘餌效果，**「再繼續斤斤計較價格，太陽都要下山了」**之類的焦急效果，或許也是外國人容易妥協的原因。

在日本，就連和金錢無關的事，也常可看到有人在使用誘餌效果。特別是在聯誼時，或者是上傳女生團體照到社群網站時，**有些女生就會安排各種誘餌在自己的周圍**，譬如故意讓臉比自己大的人站在自己左右兩邊之類的。這種**天生的誘餌效應達人**，在我們身邊很常見。

以上講的就是「誘餌效應早已滲入人們的生活中」。

接著進入本章主題，**金錢與道德的關係**。

以色列曾進行過這樣的實驗。

某個幼兒園規定，家長必須在傍晚的特定時間來接回他們的小孩，卻因為很多家長常不守時，讓幼兒園相當困擾。原本幼兒園會在固定時間下班，卻因為家長常遲到，讓他們經常加班。

於是幼兒園決定，遲到的家長要**罰錢**。雖然金額不高，但要是遲到，就一定要付錢。幼兒園認為，這樣大家應該就會守時了。畢竟家長們要是和之前一樣常遲到，就得花錢繳罰金。

實際執行這個罰金制度一段時間後，您認為狀況會變得如何呢?令人驚訝的是，遲到的家長人數**居然變成了兩倍**。

當初幼兒園以為「遲到就得付罰金，為了趨避損失，家長們應該會守時」。如果家長們的行為合理，應該就不會遲到了。但事實上，遲到的人反而越來越多。而且，當其他幼兒園也實施了相同的懲罰條款，每一間幼兒園都出現了相同的情況——遲到的家長都變多了。

我們可以由此看出一件事。那就是，人們認為**只要付錢，就可以做違反道德的行動**。

在沒有罰金制度的時候，除了那些「平常就會遲到的家長」，還有一些是「每次都接近遲到邊緣，但為了不造成幼兒園的困擾，每次都會盡量準時的人」。但在實施罰金制度後，那些原本「為了不造成幼兒園困擾而盡量準時的人」，就會認為**「既然都已經付錢做為補償了，那麼遲到應該也不會造成幼兒園的困擾吧」**，於是便光明正大做出違反道德的行為——也就是遲到。

只要有金錢的介入，人類的道德觀就會瞬間崩解。

這我完全能理解，因為我也有類似的經驗。

我有肩頸痠痛的問題，偶爾會去連鎖按摩店消費。

這間按摩店的工作人員大多是年輕女性。那天也和平常一樣，店內全是女性按摩師。當然，我並不是因為店內都是女性工作人員才來消費的，我會綜合評估每家店的技術、接待、費用、位置、清潔、色情度等等，再判斷我要去哪家店。畢竟我是一個嚴格遵守道德的男性，才不可能抱著非分之想去按摩店，請不要誤會了。

於是我趴著接受按摩。每個按摩床之間僅用簾子隔開，可以清楚聽到隔壁棚的對話。那次按摩時，隔壁棚是一位明顯年紀很大的老爺爺級顧客，以及一名年輕女性按摩師。

在我打起瞌睡時，隔壁女性工作人員的聲音突然劃破了靜寂：「這樣要加錢喔」。在這之前完全沒有對話，突然從簾子的另一側傳來一句「這樣要加錢喔」。

老爺爺你，**摸了人家屁股對吧？**

之後隔壁又陷入寂靜，沒有任何對話。由此看來，應該是這個色老頭摸了一把小姐的屁股。而小姐可能也習慣了，所以能夠馬上反應過來，說出「這樣要加錢喔」。

實在太糟糕了。不管年紀是大是小，把做出這種行為的人直接送警局應該也不會有爭議。明明這是健全的按摩店，這個人居然在按摩的時候摸工作人員的屁股，實在是太沒有道德意識了，這種行為真是不可原諒。

想必店家也有難言之隱吧，這位爺爺雖然是色老頭，但也是客人。如果老爺爺是初犯，只要大罵他：「不行！再摸要加錢！」，老爺爺應該也懂得收手反省。

但是隔壁的小姐卻說出「這樣要加錢喔」。在旁邊聽到這句話的我會怎麼想呢？

只要加錢就可以摸了嗎？

按摩店裡一般都會有淋巴按摩、腳底按摩之類的加價服務，既然如此，有**摸屁股的加價服務也不奇怪吧！可以讓我看一下價目表嗎？就是那個加價服務的價目表。**

實在是太糟糕了啊。**現代社會中居然還有這種故事。**難得我一直保持著美好的形象到現在，我完美的品德居然在這一章中崩潰殆盡。

不過這樣應該就懂了吧？有金錢介入，人類的道德觀就會瞬間崩解。畢竟連我這個硬派中的硬派，彷彿道德化身般的人物，在知道可以用金錢來解決不道德行為時，就會表現出「只要付錢就好了是吧！**要錢的話我多的是啦！**」的態度，像「懷舊的電視劇」中常出現的社長一樣，**從行李箱中拿出大把鈔票天女散花**，墮落成一個沒有道德感的人。

各位不覺得我的行為和以色列家長們的行為很類似嗎？

我後來又深入思考了一下以色列幼兒園和我自己按摩例子中金錢與道德的問題。

以下是我個人的想法：雖然「遲到」和「摸屁股」都是不道德的行為，但仔細一想，**去**

給人家按摩這件事本身，不就是不道德的行為了嗎？

請試著想像一下沒有金錢介入的狀況。不管對方是男生還是女生，在沒有付錢的情況下，要求不認識的人幫自己按摩一個小時，這不是件很荒唐的事嗎？如果跑去別人上班的地方，對一個陌生人說：「喂，幫我按摩一個小時！」並直接在旁邊躺下來，這簡直就像是**泡沫經濟時，威脅屋主賣出房地產的收購業者一樣**。如果每天都重複一樣的行為，感覺對方就會退讓，說出：「我知道了啦！我把土地賣給你就是了，拜託你別再來了！」這實在太惡劣了，不道德也該有個限度。

但是，這種原本只有欠缺道德感的黑道才會做的暴行，在金錢介入之後，我們這種一般人也會理所當然地這麼做。

其他服務也一樣。不管是要剪頭髮、修理空調、診斷疾病等等，如果要別人免費幫我們做這些事，都是不道德的行為。但如果付了錢，就可以買通「道德」先生了。就像是拿錢疏通那些房地產收購業者一樣：「『道德』先生啊，今天可以請您先回去嗎……（遞出謎之信封）」「這樣啊，既然你都那麼說了……（確認信封的內容物）。好吧，今天就先這樣吧。喂，你們，回去囉！」讓「道德」退下。這樣我們就可以毫無罪惡感的盡情享受美髮沙龍、電器店、醫院的服務。

基本上，就算是雜貨店和文具店的商品，不付錢就拿走也是犯罪。這種竊盜、扒竊行為明顯違反了道德。正常人應該會因為覺得愧疚而下不了手。但是只要付錢，就沒有道德問題，也不會覺得愧疚，這就是買賣。

以上敘述可以推導出以下兩個法則：

1. **人們之所以會付錢，是因為（在沒付錢的情況下）做這種行為會違反道德。**

2. **即使是違反道德的行為，只要付錢，就可以忽視道德感，變成一樁交易。**

也就是說，只要付錢，任何事都可以變成一樁交易。

幼兒園「遲到就要罰錢」的規定，在金錢介入後就不再是處罰，而是「延長照顧兒童的時間」。再說，把小孩交給幼兒園照顧的行為本身，就是「要是免費請人幫忙照顧小孩很沒道德，只好付錢，將其轉化為一樁交易」。遲到就罰錢，只是**延長了這段時間**而已。只要付錢，就可以延長照顧小孩的時間。而「支付延長費用」這個行為，並不會讓家長們產生罪惡感。如果在唱卡拉ＯＫ的時候延長時間，想必也不會有客人認為「對不起店家」。

這種想法也完全適用於「摸屁股」這件事上。當金錢介入這種行為，在我們這些色情男人眼中，就只是從原本的按摩店，**轉變成有些不一樣的按摩店而已**。同時，原本的違法行為也變成了合法行為。

所以，常把「約會的錢本來就是要男生出啊！」放在嘴邊的女性是找不到好男人的喔。因為對男性來說，「花錢請女生」就是「為了這個女性而付錢」的意思。在付錢的瞬間，該名女姓在男生腦中就不再是女友或朋友，而是**店內的工作人員**。所以男生也會覺得，**既然都付錢了，就應該要從這個人身上獲得相應的服務做為回報才行**。

這些「常讓男生請客的女性」常會抱怨：「我超多爛桃花，明明只是想吃個飯而已，對方卻一直想進一步發展。還有我一直被劈腿。原本以為男友只有我一個女友，沒想到他早就有老婆和小孩了，真讓人不敢相信！」男女關係常處理得很差（個人調查）。這也很正常啦。**所謂「讓對方付錢」，其實就是「允許對方丟掉道德觀」的意思。只要付錢，道德觀就會消失。就算是違反道德的行為，若有金錢介入，就會變成「只要付錢就可以做這個行為」。**

當然，**我承認有例外**。就是有人天生缺乏道德觀啊，這種人就是**天生的垃圾**。

24

損失趨避與稟賦效應

若想激怒太郎，可以用這種方法（絕對不要模仿）。

你是否曾因丟棄物品而與家人發生過爭執呢？會不會常聽到「不要隨便丟掉重要東西」之類的話？

這種爭吵應該最常發生在父母想把孩子東西丟掉的時候。如果父母在大掃除時，丟掉了孩子們的玩具、漫畫、玩偶，可能會對孩子造成很大的心靈創傷。另外就是太太有時會任意丟棄先生因興趣而蒐集的物品，譬如說人偶、遊戲軟體、雜誌、塑膠模型等等。這些一點一滴蒐集而來的寶物，在某天回家時全被清得乾乾淨淨。

就我個人來說，這種行為就相當於**宣告決裂**。因為對於東西被丟掉的人來說，這種行為就和小偷沒兩樣。

基本上，我也是屬於會認真蒐集各種無聊小物的人，所以光是聽到類似話題就會覺得很生氣。

如果你很重視某項事物，家人卻沒有同樣重視，這個家人就不算家人。有些父母會說：「這是我買給你的玩具，要怎麼處理是我的自由。」但如果這個理論正確，就表示**你拿公司給你的薪水買的車，要怎麼處理是公司的自由囉？**畢竟這台車是用公司給你的薪水買的嘛。不管是公司破壞你的車，還是你丟掉兒子的玩具，都屬於職場霸凌，都是犯罪。

那麼，為什麼會出現「這種東西丟掉也沒關係」「這些東西對我來說很重要，要是亂丟我不會原諒你」這兩種彼此衝突的想法呢？這兩種想法分別可以用行為經濟學中的**「損失趨避」**和**「稟賦效應」**來解釋。

兩者原理有點像，讓我們先來講講損失趨避是什麼吧。簡單來說，就是**「比較損失與獲得相同東西時的反應，會發現損失這個東西時的衝擊，大於獲得這個東西時的喜悅」**。

如果用遊戲中的點數制來比喻這種「感情的波動」，應該會比較好理解。遊戲中，角色的體力可以用數字來表示。同樣的，我們也可以試著用點數來表示「人類的感情」。

假設目前太郎的感情點數是一〇〇點。如果這時候給太郎一〇〇〇日圓的零用錢，太郎會因為高興而增加四點的感情點數，一共有一〇四點。

再來，我們從太郎身上拿走一〇〇〇日圓。此時被拿走一〇〇〇日圓的太郎會感到悲傷，感情點數從原本為一〇四點下降十點，變為九十四點。

……好像有點奇怪對吧。給太郎一〇〇〇日圓、再拿走一〇〇〇日圓，太郎最後擁有的錢和一開始一樣，感情點數卻從一〇〇點降到九十四點。

這種差異就是來自人類「損失趨避」的特性。同樣是一〇〇〇日圓，拿到錢的時候會因喜悅而獲得四點，但錢被拿走時卻會因悲傷而減少十點。人類的感情就是那麼神奇。比起獲得一個東西，當人類失去同樣的東西，感情的波動會比較大。據說「獲得時的喜悅」與「失去時的悲傷」兩者的**感情波動幅度可以達到二倍至二・五倍**。

所以只要先給太郎一千日圓後再拿走，如此反覆操作，就可以在**不花一毛錢成本的情況下，將太郎的感情點數降至零**。

好像也不是不能理解啦。狗也有類似的損失趨避特性。在我們家狗狗——Muku 的面前把肉乾拿出來再放回去，再拿出來再放回去，這樣重複幾次後，Muku 就會**汪汪汪汪汪汪地叫個不停，然後開始瘋狂咬人**。這情境很好想像吧。

被甩掉的男（女）人之所以會變成跟蹤狂，也是一樣的原理。如果只是「交往後分手」，就只是回到原來的狀態而已，感情上應該是正負相消歸零。但實際上人類卻有著損失趨避的特性，假設一個男孩子在現實中和喜歡的女孩子交往時，可以獲得兩萬點的感情點數，那麼**被甩的時候就會失去五萬點的點數**。那些跌落深淵、消沉沮喪的男孩子，會化身為地獄中的幽魂，伸手把生者拉入地獄。

這樣我們就可以說明，為什麼會發生「重要的物品會被家人任意丟棄」這種事了。先不管那些討厭彼此的夫婦，就連善良的媽媽都可能會丟掉孩子重要的漫畫或玩偶，進而讓孩子留下心靈創傷。這就是因為，**媽媽心中所想的漫畫價值，和孩子們心中所想的漫畫價值有二．五倍之差**。

父母可能會覺得「就算丟掉這些漫畫，孩子應該也不會崩潰吧？最多是瀕臨崩潰之類的……」但對於擁有這些漫畫的孩子們來說，這些漫畫被丟掉時，受到的打擊卻是**「『瀕臨崩潰』的二．五倍」**。也就是說，孩子們會**徹底崩潰**。這就像是邪惡的敵人在拷問主角時宣稱：「放心吧，不會殺掉你的」，卻**不小心手滑而成了二．五倍激烈的致命拷問**，使主角完全死透。

若想要消弭這樣的認知差異，就只能靠想像力了。在我們看到自己認為沒什麼價值的東西時，如果能想到「那個人喜歡這個東西的程度，或許就和我喜歡○○的程度一樣」，設身處地想像對方的感情，或許就能弭平價值觀的差異了。這樣一來，應該就不會隨便丟掉自己重視的人所重視的東西了。

以上是關於損失趨避的說明。如果各位有注意到，其實稟賦效應的部分也幾乎一起說明完畢了。

所謂的稟賦效應，指的是同樣一個東西——可能是實體的物品，也可以是地位、能力、狀態等，**我們擁有它時，會認為它的價值比較高；不擁有它時，會認為它的價值比較低。**

在說明「損失趨避」時我們提到，比起獲得一個東西時的喜悅，損失同一個東西時的失落感更大。而稟賦效應可以說是它的加強版。**只要擁有一個東西，不管未來有沒有可能會損失這個東西，都會認為這個東西的價值比一般人對這個東西的評價還要高。**

不過話說回來，只要擁有一個東西，就有可能會失去這個東西，所以我們就會認為自己擁有的東西價值特別高。譬如說，我們可能會看到一個人拿著二手衣物到 Mercari（メルカリ）網站（日本知名二手網站）上賣，並認為這件二手衣「應該差不多值三〇〇〇日圓」，便定價三〇〇〇日圓，卻完全沒有買家上門。當有人想殺價，這個賣家還會惱羞成怒。

許多書籍的作者認為，目前我們仍「不曉得為什麼」會有損失趨避&稟賦效應等現象，但就我個人的研究，我認為和「心理上的反抗（Reactance）」或「單純曝光效應」有關。人類被命令的時候，常會下意識反抗這個命令。有人命令你「給我」或「丟掉」的時候，也會不自覺地產生反抗心理，進而影響到對物品的價值評估。另外，人們對於常看到的事物會抱有比較深厚的感情，因此，人們對於自己的所有物也會有比較高的評價。

為什麼我會在這裡談到心理學的用語呢？因為我也寫過心理學的書籍。我是一個涉獵很廣，但每個領域都只懂一些皮毛的人。這種人有個缺點，那就是「容易忘記」，但另一方面，也容易發現不同學科間的連結「什麼！這個和那個居然有關！」所以也不全都是壞事。如果各位有興趣，也請試著讀看看我寫的心理學書籍。

偷偷宣傳完自己的作品之後，再回來看看稟賦效應的例子。說出「不管你拿多少錢來，我這土地不賣就是不賣！」的頑固地主、**連續五年都抱怨著**「我們公司也太黑心，我忍不下去了！我今年一定要辭職。」的人，以及周圍人們都認為「你的日常生活也太無聊了吧」卻仍持續在社群網站上更新食記和遊記的人等等，都是在稟賦效應的影響下，認為自己的所有物、地位、體驗的價值，比其他人所想得還要高，才會有這樣的行為。

狗也有類似稟賦效應的行為。

我家的狗在周圍沒有人的時候，即使旁邊放著一顆玩具球，牠也不會瞧上一眼。但如果我把這顆球丟出去，牠再去把球叼回來，牠就再也不會放開這顆球了。如果我伸出手對牠說：「給我球」，牠就會突然發出**低鳴**，想威嚇我。明明剛才完全不理會這顆球的。

但在我離開之後，牠就會放開球，任其在草地上滾動。但如果這時候我像童話般中的魔女，擺出一副壞人的樣子接近牠**「我要把球拿走囉」**，牠又會馬上叼起這顆球，阻止我拿走。

這時候，對我而言「為了拿到球，我願意付出多少代價」，和對牠而言「要拿多少代價來換，我才願意交出球」，兩者應該就差了不只二．五倍。我可能只願意出三顆Vita-One狗糧來換球，但牠可能要一個帶骨牛肉才願意交出球。

現實中常可看到許多應用損失趨避&稟賦效應的例子，不管人們有沒有聽過這些理論。在某些開發中國家可以看到一種銷售手法。有小販自顧自地走上公車，把商品分給所有乘客，再走到車前向大家宣傳他的商品，如果乘客不需要這個商品，就再交回給小販。因為稟賦效應在短時間內也能發揮作用，所以只要乘客曾經拿著商品，就會提高對商品的評價。

這類手法在已開發國家的日本也相當常見，大家一定也碰過。譬如說**第一個月免費的包月服務**（也太快講出答案了）。

影片訂閱服務、電子書閱覽服務、串流音樂服務都常有這類方案。如果人們「雖然沒什麼興趣，但因為第一個月免費，就先試試看」而「擁有」這項服務一陣子，**解約時的失落感就會是加入會員時的滿足感的二．五倍**。如果客戶本來就對這個服務沒興趣，可以很乾脆地解約。但只要客戶對這個服務有一點點興趣，加入會員後，這種感情就會膨脹到二．五倍，之後也很有可能會成為付費會員。這個戰術就是那麼可怕。

我們也可以利用損失趨避和稟賦效應來幫助我們走出失戀的傷痛。

常有人在分手／離婚後過了好幾年，仍無法忘記以前的戀人／妻子、丈夫。被別人甩了之後會相當悲傷，覺得自己以後一輩子都遇不到那麼好的人，以後的人生一片黑暗，找不到前進的道路。

失戀就是會讓人如此沮喪。

不過各位，我敢保證，**你會如此悲傷，是因為稟賦效應把悲傷的感覺誇大了二．五倍。**因為你曾經擁有過前女友、前男友、前配偶，所以對你來說，**他們的價值會變成原本的二．五倍**。或許你會覺得「我可能再也遇不到那麼好的人了」但事實上，**「那個人」真正的價值只有你想像中的二．五分之一**。這才是真相。你只是因為失去他，才會覺得他的價值特別高。

也就是說，未來還有很多機會能遇到這種水準的對象。回憶過去時往往會戴著濾鏡，所以不能直接把回憶中的人和現實中的人們拿來做比較。請回想一下上上章的內容，我們會不自覺地製作出一個**高水準的誘餌**——「回憶濾鏡下的戀人」，使我們覺得現實中的異性相對下沒那麼好。所以在拿現實中的異性和回憶中的戀人比較時，記得要冷靜下來，把回憶中那個人的魅力除以二．五，才能冷靜判斷。**這樣你就會發現，那個和你分手的人，其實也沒什麼特別的。**

25 消費與節省

你有在浪費嗎？

在我學習經濟學時，看到了許多讓我覺得「以前以為是這樣，後來卻發現實際上根本不是這麼一回事」的內容。雖然這只是我的個人感想，不過最後一章就讓我來介紹一下經濟學中，最讓我感到「原來如此啊」「以前都不知道這個那麼重要」的內容。

那就是「購物與節約」。不過享受服務的時候也會花錢，所以或許稱之為「消費與節約」比較恰當。

長久以來，我一直覺得質樸節儉是美德。

小時候大人們總告訴我們不能浪費錢，要把錢存起來。學校課本中的偉人故事也常提到，許多偉人有多麼清貧，譬如說「將一生奉獻給足尾礦毒事件*的田中正造，他全部的財產用一個袋子就能裝滿」。到我長大後的二十一世紀，也常看到許多人在推崇樂活主義和極簡主義等不執著於物品的生活方式。

這些想法其實都沒有什麼錯。

家長為了避免小孩子未來變成敗家子，會要他們學習偉人，不要浪費金錢。樂活主義中，要人們與自然環境共存共榮的想法很棒。極簡主義也不是單純的「不需要身外之物」，而是「在生活中仔細思考，哪些物品對自己來說才是真正必要的東西」，這樣的想法很容易被人接受。

我認為有問題的地方是，在這種過去式的教育、風氣的帶動下，有些人的想法逐漸被引導至**「買東西本身就是個愚蠢的行為」「無論如何，節儉一定是美德」**。

「不可以隨便浪費喔」「真正需要的東西是什麼呢？」這種說教般的句子或質問，絕對不是「禁止購買新產品」「存最多錢的人最厲害」的意思。不過許多人卻會曲解這些句子的意思，像是傳話遊戲般「不可以隨便浪費」→「不可以花錢」→**「花錢就是不好、存錢就是好」**逐漸偏離本意。

註：在日本栃木縣和群馬因開發礦山而造成煙害、毒水的事件。

最後就造成了通縮心理。

我在閱讀相關書籍時，有一句話讓我大為吃驚：**「世界各國中，死亡時擁有最多錢的人就是日本人」**。

所謂的錢，終究只是「能換成想要物品的道具」而已。當然，或許有人覺得紙鈔本身也很有價值。說不定有哪個**宅宅是忠實的樋口一葉粉絲**，每天晚上會看著五〇〇〇日圓的紙鈔，喃喃說著：「一葉小姐……今天也很可愛呢……今晚也一起睡吧……呼……呼……」之類的話。對於這些人來說，紙鈔就像隨身攜帶的偶像照片一樣。但即使如此，也只要一張就夠了吧。要是不夠就拿去印啊（開玩笑的）。

大部分的人之所以喜歡錢，應該是因為「錢可以換到自己喜歡的東西」。就算有某些人因為喜歡錢而存了很多錢，當國家突然宣布：「即日起廢止金錢的使用。從今天開始，各位手上的錢不能用來購買食物、衣服、電器、握手券」時，想必這些人也會一改之前的態度，說出**「這些沒用的紙留著幹嘛，乾脆燒掉好了」**之類的話。所以說，「喜歡錢的人」喜歡的其實不是錢，而是「錢能夠買到的東西」。

既然如此，如果不花錢就沒有意義了不是嗎？畢竟花錢才是金錢存在的目的。當然，有時候確實需要節儉沒錯，但在生活不虞匱乏的狀態下，如果還陷在「不能隨便浪費」的幻影中，過著簡約的生活，這就像是自己勒住自己脖子般的行為。畢竟金錢是「經濟的血液」，要是金錢沒能順暢循環，市場就會變成一攤死水。就像凱因斯說的：「即使是挖一個山洞把黃金藏起來，再讓一群人去把黃金挖出來，這樣也算是一種景氣政策（意譯）」一樣，錢要動起來才有用。只有讓大家都願意花錢、讓金錢流過許多人的手，金錢才能支撐起每個人的生活。

鎌倉時代，有一位叫做青砥藤綱的武士。某天晚上，他手上的十文錢掉進了河裡，於是他特地花了五十文錢買了一個火把，想憑藉火光找出掉進河裡的錢。有人問他為什麼要這麼浪費錢，他回答：「如果能拿回十文錢，這十文錢就能再回到市場上流通。而且買火把的這五十文錢，也可以流通於市，幫助需要的人們不是嗎？」這種想法就類似凱因斯的財政擴張。

相較於鎌倉時代的青砥先生，豐衣足食的現代人卻因為「節儉是美德，存錢最重要。」而不讓錢流通於市，勒緊褲帶過日子，這樣當然會造成通縮、不景氣的情況。長遠來看，這毫無疑問是戕害經濟的行為。

所以說，要教育孩子們「不能隨便浪費」「偉人們的生活都過得很樸實」是沒什麼問題，但也要避免灌輸孩子奇怪的想法（譬如愈吝嗇愈好的想法），所以也要告訴孩子們「金錢是經濟的血液」。我們應該要讓孩子們知道，將努力節儉存下來的錢花在自己真正喜歡的東西上時，可以獲得真正的喜悅。我們固然不能小看十日圓、二十日圓的價值，但如果過於在乎這十日圓、二十日圓，只會讓人變得斤斤計較，生活變不快樂，朋友離你而去，經濟也變差。

即使各位現在已經是大人了，也請試著思考看看，自己平常的「節儉」行為，究竟是好的節儉還是不好的節儉行為呢？

還有一個例子和這主題有關。

各位是否會看不起「看到新產品馬上就去買來嚐鮮」的人呢？

不久前，我才在推特上看到了這樣的例子。

在新 iPhone 發表時，有一位號稱是「IT顧問」的歐吉桑在推特上發表了他的想法。這位歐吉桑在推特上說：「這個新 iPhone 根本沒多什麼新功能，與其花十萬日圓買這支 iPhone，不如把錢拿去旅行或衝浪還比較有意義。」這則推文被人們一再轉貼，沒過多久，我就在我的推特畫面上看到了這則推文。

應該不難看出這則推文想傳達的是：「這些人實在太笨了，居然跑去搶新產品」這樣的訊息。畢竟他認為這是「沒什新功能的新產品」。

不只是他，到處都可以看到「一看到新產品就搶成一團，真是一群愚民」之類的文章。

我完全不贊同這樣的意見。

確實，最新的工業產品和前一代產品通常不會有什麼差異。拿智慧型手機來說，大概也只是相機品質會變得比較好、電池續航力可以多幾十分鐘、認證機制的準確度能提升的小改變而已，稱不上什麼大革新。如果原本的產品是九十分，那麼新產品或許也就是九十三分左右，改變程度相當微小。所以也不是不能理解有些人會認為不值得為了這三分而花十萬日圓，並嘲笑這麼做的人是沒在思考的笨蛋。

但是，希望各位也從另一個角度思考。

假設最初發售的智慧型手機是版本A，而最新發售的手機是版本Z。

從前一個版本Y進化到最新的版本Z時，就像是從九十分進步到九十三分，只有相差三分。但是從A進化到Z，則是在積年累月的過程中，從五十三分成長到九十三分，一共增加了四十分不是嗎？對於只用過初期版本機種的人，或者是從來沒拿過手機的人來說，這種多了四十分的版本Z手機可以說是功能相當強的產品，是革命性的產品。

而重要的是，**最新版本的Z手機能問世，就是因為手機進步的過程中，「即使新手機沒什麼新花樣，仍有一群人想在最新版手機上市時搶購入手」**。

讓我們把時間回溯到世界上只有固定式電話的時期吧。假設固定式電話是「分數為十分的電話」。

在普遍多為固定式電話的年代，一間公司首先製作了一款行動電話。一開始的行動電話體積相當龐大，要像揹包包一樣揹在肩膀上。

這個產品剛問世時，社會上應該有不少人覺得「喂喂，有必要揹著那麼大台的機器打電話嗎？稍微找一下不就有公用電話啦，這裡是日本耶，真不曉得買這種東西的人心裡在想什麼」。若用分數來比喻，大概就是從十分增加到十三分吧。多數人應該會把這些花了大錢買行動電話，卻沒有方便多少的人當成笨蛋吧。

但是，**要是沒有這些人購買這些超大台的行動電話，行動電話就不會繼續進化了**。「沒有人買大型行動電話？這樣啊，果然固定式電話和共用電話就是電話的最終型態了。反正也沒預算了，乾脆就停止開發吧。」於是，行動電話的歷史便到此為止。

不過，現實卻是：「看起來很好玩耶。拿著最新型的機器在街上走，應該能吸引不少女生的注意吧。」（購買動機自然不限於此）。**拜其所賜，行動電話才有辦法進入下個階段，再增加三分**。

到了現在，這種情況仍一再出現。有些人只是因為買了尺寸較小的機型，會被就其他人嘲笑：「這不是只比前一代小兩公分而已嗎？花錢買這種東西，還不如拿去旅行或衝浪，這樣還比較有意義。」我以前也曾經笑過這種人。第一次有廠商做出搭載相機的功能型手機時，我還記得我是怎麼笑這些廠商的：「等一下，只能拍那麼小張的照片喔?這種爛相機根本沒意義。現在每個人都有數位相機了，要拍照拿數位相機拍不就好了嗎！」由此可以看出，我有多鄙視這種手機。

但也是因為當時有人購買這些搭載照相功能的手機，才有了現在的智慧型手機。他們認為，比起旅行、衝浪，有拍照功能的手機更有魅力。正因為有這些人，現在的我們才能在和朋友一起到迪士尼樂園玩時，用智慧型手機拍下影片，還能加上鬍子、貓耳、背景音樂、文字，然後貼到社群網站上給全世界的人看。

這些就像是智慧型手機從H版進化到P版、U版一樣。雖然各個版本間的差異不大，但也因為有人願意花錢購買最新機種，最後才能研發出Z版手機。

前面提到的顧問歐吉桑，明顯也擁有智慧型手機。畢竟是IT專家，就算手上不是最新機種，應該也是幾年內的機種。但他卻向大家說：「新手機根本沒多厲害！與其買這支手機，不如把錢花在更有意義的事上。」我認為這種行為就像是**一邊享受風俗店的服務，卻一邊對服務人員說教：「我說你啊，怎麼能在這種奇怪的店裡工作呢！」的歐吉桑**一樣。自己享受著好處，卻用高高在上的態度嘲笑別人。

商品和服務的變化也大多如此。雖然在極為罕見的情況下會出現劃時代的發明，但大多數情況下，每一次的進步幅度都小到要用放大鏡仔細觀察才看得到。這些小小的進步累積到一定程度後，人們才會真正感受到進步。所有產品皆如此，生物的進化也是一樣。要是在進化過程中覺得「這好像也沒什麼」就停下來不再進化，人類的生活就會一直停在原始時代……不，應該說人類甚至不會出現，**現在地球上仍只有一堆單細胞生物**。人類畢竟也是地球的產物之一，我們也是累積了四十億年的不起眼小變化後，才出現在這個世界上。

而且手機未來還會繼續進化。未來的人們還可能會發明出有**即時翻譯**、**透視功能**、**時間旅行相機功能**、**雷射功能的智慧型手機**，要是大家都「不再購買新手機」，就相當於親手摘除了新發明的幼苗。

不知為何，當男孩變成歐吉桑，便會愈來愈不認同多元價值觀。

我不覺得「與其買新手機，不如把錢拿去旅行或衝浪還比較有意義」這樣的想法不對。畢竟**對這些人來說，這就是事實**。

但如果把「這種興趣很有意義、那種興趣沒有意義」的價值觀套用在每一個人身上，絕對是錯誤的。因為每個人的興趣都不一樣。固然衝浪對某些人來說是人生必要的活動，但擁有新型智慧型手機也能帶給另一些人無上的喜悅。有人會為了到國外旅行而省下每天的咖啡錢，卻也有人認為把錢花在每天的咖啡上會比旅行還要充實。如果老是說著：「你怎麼一直在做這些浪費生命的事呢！別再執迷不悟了，快來和我做一樣的事！」把自己的價值觀強加在別人身上，那就只是單純的老害而已。這些人已沒辦法看見「他人的世界」。

簡單來說，**進行非必要消費時，不需抱著罪惡感。**

如果大家都為了旅行而控制花費，那麼這個國家的經濟就會愈來愈衰弱，使國民更沒有能力旅行。只有當商品賣得好，日本的經濟才會強大起來，這樣我們才有能力旅遊各國。我認為，嘲笑新產品，就像是在嘲笑日本經濟成長史一樣。

金錢要在市場上流動才有價值。就像聖誕節時交換禮物一樣。**要是自己沒有送出禮物，也就拿不到禮物。**怒聲罵道「買這個只是浪費錢」的歐吉桑，就像有著通縮心理的人一樣。大家一起努力驅散這種想法吧。

後記

至今我也寫過了不少入門書，每個領域的入門書寫起來都不輕鬆，但經濟學的入門書又特別困難。寫這本書的時候，就像是在玩「大家來找碴」一樣，很有挑戰性。

如果是在學校讀經濟學，老師說什麼就是什麼。但我寫書的時候，會參考各種經濟學書籍、新聞報導、電視節目、廣播節目、網路消息、認識專家給的意見，參考的管道非常多，卻也因而經常遇到「這裡的說法和那裡的說法完全不同」的困境。

譬如說「GDP問題（命名者：我）」就是一例。

所謂的GDP指的是，「一定期間內，一個國家生產出來之附加價值總和」。而「附加價值」則是「產品的販售價格減去原料、材料費後的金額」。這麼看來，附加價值應該也包含了「人事費」才對。畢竟勞動力不是原料也不是材料嘛。

但是，某個經濟學名嘴卻在他寫的書中寫道：「附加價值是產品的販售價格減去原料、材料費，以及人事費等費用後的金額」。也就是說，附加價值是否包含了「人事費」這點，在不同書中有不同的定義。

不僅如此，還有的書籍會寫「GDP是國內販售之所有商品的價格總和」。在這個定義中，並沒有從商品價格減去原料、材料費（也沒有說明什麼是中間財與最終財）。

如果是在外行人寫的書上看到多種不同的定義，可能會想：「咦？每個人的說明都不一樣耶。正確答案到底是哪個呢？來看看教科書上是怎麼寫的。」但真的去查之後又會發現，由經濟學專家寫成的書籍，對GDP也有各種不同的解釋。

這根本就是在玩「大家來找碴」。而且難度超級高，不曉得該如何確認正確答案。

總之先試著思考看看。如果附加價值並不包含人事費，那麼GDP的數字應該會很小才對吧？日本國稅廳（相當於臺灣國稅局）的網站顯示，某年日本人的平均薪資約為四二〇萬日圓；另一方面，該年的日本人均GDP約為三萬八千美元。

商品成本中，扣除原料、材料費後，人事費占了大部分。而平均薪資與人均GDP相當接近，是不是就表示附加價值也包含了人事費呢？

另外，若假設「GDP是國內販售之所有商品的價格總和」的說法正確，那麼GDP的數字應該會變得很大吧？如果不用減去原料、材料費，只要將一顆石頭定價一萬日圓，然後讓A先生和B先生來回反覆交易這顆石頭，GDP是不是會無限增加呢？由此看來，這個計算方式應該不正確。

所以，我就只能用多數決的方式來判斷了。我蒐集了許多書籍、報導、相關人士的說法，一一列出他們對同一個主題的說明，然後得到的結論是：「在眾多說法中，認為『GDP為產品價格減去原料、材料費後的附加價值總和，且附加價值包含了人事費。』的人是最多的。」所以應該就是這個沒錯了。好的，我知道正確答案了。

於是我終於確定了自己認同哪一種解釋方式，確定要把哪種定義寫進原稿。不過，就算某些老師的想法和我不一樣，也不表示他們的想法就是錯的。通常，這些老師的說明內容「在他們的知識架構下仍是正確的」。因此我所知道的「正確答案」，比較像是「一般性的正確答案」。

總而言之，除了GDP，還有好幾個主題都有在玩「大家來找碴」的感覺。實在讓我相當頭痛。

不僅如此，為了思考「該用什麼樣的例子來說明我學到的內容」，我還得學習許多和「這些例字」有關的知識。

這本書中，會拿我個人的海外流浪經驗、電玩知識來舉例。除此之外，因為我覺得「如果用經濟學來描述偶像活動應該會很有趣」，所以也學習了不少偶像知識。像是買了許多偶像書籍、DVD等，也去了劇場和演唱會，甚至偶爾還會去地下偶像的拍立得拍攝會場。

現在的我，已經可以把AKB48所有十六期生的全名和暱稱倒背如流了。要舉例說明一件事時，若想讓這個說明過程具說服力，就不能只寫出一些很表面的描述，這樣只會讓讀者認為你根本不懂。所以說，舉例說明時，必須「鉅細靡遺」地描寫。為了鉅細靡遺地寫出生動的例子，就得深入挖掘相關知識。

我想說的是，表面上看起來，寫出這本書好像很簡單的樣子。但實際上，為了寫出這本書，我在幕後做了非常多準備和努力。希望各位能明白這點。因為稟賦效應的關係，會讓人覺得自己的努力是一般人認為的二・五倍，所以我才會像這樣一直和各位說自己有多辛苦。

在我的作品中，這是第五本「入門書的入門書」。這五本書的主題分別是科學、心理學、二十一世紀的世界新聞、哲學，然後是經濟。在我認真學習過各個領域的知識後，發現這些領域都有著「不容易入門，但認真學習後會覺得很有趣」的共通點。而且不管是哪一門學問，只要經過整理，就可以變成娛樂。亞里斯多德也曾經說過「人類天生就有求知欲」。

雖然有些不好意思，最後請讓我再宣傳一下。要是各位覺得我的文章有一讀的價值，也請試著閱讀看看我其他的作品。

感謝各位閱讀到最後。

Note

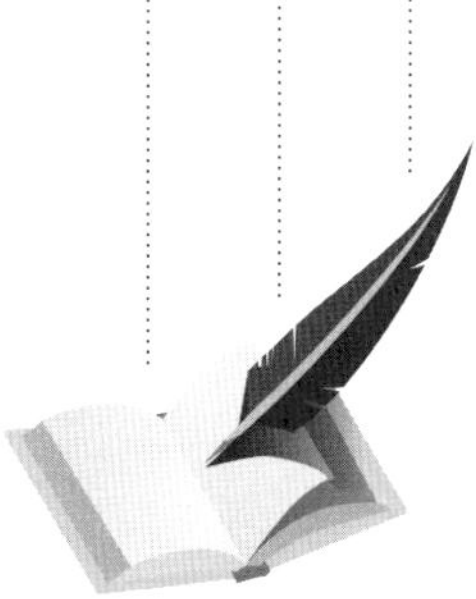

Note

Note

國家圖書館出版品預行編目資料

超無厘頭經濟學：從偶像、遊戲、殺人事件學會25個財經入門知識／佐久良剛作；陳朕疆譯.
-- 初版. -- 新北市：世茂出版有限公司, 2021.05
面；　公分. --（銷售顧問金典；113）
譯自：経済学なんて教科書だけでわかるか！ボケ！！：…でも本当は知りたいかも
ISBN　978-986-5408-51-0（平裝）

1. 經濟學

550　　　　110003557

銷售顧問金典 113

超無厘頭經濟學：從偶像、遊戲、殺人事件學會 25 個財經入門知識

作　　者／佐久良剛
譯　　者／陳朕疆
主　　編／楊鈺儀
責任編輯／陳怡君
封面設計／林芷伊
出 版 者／世茂出版有限公司
地　　址／（231）新北市新店區民生路 19 號 5 樓
電　　話／（02）2218-3277
傳　　真／（02）2218-3239（訂書專線）
劃撥帳號／19911841
戶　　名／世茂出版有限公司　單次郵購總金額未滿 500 元（含），請加 60 元掛號費
世茂網站／www.coolbooks.com.tw
排版製版／辰皓國際出版製作有限公司
印　　刷／世和彩色印刷股份有限公司
初版一刷／2021 年 5 月

ＩＳＢＮ／978-986-5408-51-0

定　　價／340 元